Cápsulas de soluciones

Vida Cristiana / Oraciones

Simon Aranonu

WESTBOW
PRESS®
A DIVISION OF THOMAS NELSON
& ZONDERVAN

Puede hacer pedidos de libros de WestBow Press en librerías o poniéndose en contacto con:

WestBow Press
A Division of Thomas Nelson & Zondervan
1663 Liberty Drive
Bloomington, IN 47403
www.westbowpress.com
1 (866) 928-1240

ISBN: 978-1-9736-9118-1 (tapa blanda)
ISBN: 978-1-9736-9117-4 (libro electrónico)

Fecha de revisión de WestBow Press: 04/28/2020

Dedico este libro a Dios todopoderoso y a Ijeoma, mi maravillosa esposa durante veintiocho años, así como a nuestros hijos: Dumebi, Naza, Chizzy e Isaac.

Índice

Agradecimientos

Estoy agradecido a Dios todopoderoso, que me inspiró para que escribiera este libro. Tengo una deuda de gratitud con el pastor E. A. Adeboye, el supervisor general de la Iglesia Cristiana de los Redimidos de Dios. Tengo el privilegio de servir como pastor en esta misión. Igualmente, estoy muy agradecido por haber recibido las enseñanzas y la tutela del pastor Adeboye durante los últimos veinticinco años.

Agradezco al equipo de KRC que me proporcionara todo tipo de ayuda, incluyendo servicios de secretaría gratuitos para el manuscrito. En lo más alto de esta lista se encuentra mi amigo y jefe Mosun Belo-Olusoga. No me olvido del Sr. I.D. Ogufere, Ngozi, Cordelia, Tola, Oluchi y Toyin. Mi gratitud también a Br. Mike A. Maduagwu, mi ayudante personal, por sus oraciones.

Agradezco al pastor Mbamali su amable revisión inicial y a Sylveste que editara el primer manuscrito.

Aseguro a todos los que me animaron y apoyaron en este proyecto que Dios tiene por lo menos una cápsula de solución que siempre les proporcionará un remedio para cualquiera de sus desafíos.

Prefacio

Una celebración de soluciones

La vida está llena de desafíos. Los creyentes no están exentos de los problemas que afectan a todos los seres humanos. Nadie puede establecer o elegir qué le sucede, o decidir el momento, la forma o la magnitud de algunos acontecimientos desagradables. Pueden aparecer desafíos en los matrimonios, las familias, las finanzas, la educación, la salud, la fecundidad y otras áreas. La mayoría de las veces, los desafíos son espirituales, aunque se manifiesten de forma física.

La buena noticia es que todos los problemas tienen solución. La verdad irrevocable es que la Palabra de Dios contiene la solución a todos los problemas humanos. La noticia jubilosa que Dios quiere que conozca toda la humanidad es que Él ya nos ha declarado ganadores y conquistadores de todos los problemas de la vida (Romanos 8:37). Por eso la Biblia dice que mayor es el que está en nosotros que el que está en el mundo (1 Juan 4:4). No es de extrañar que Jesús, aunque nos avisara de antemano que tendríamos aflicciones en el mundo, nos exhortara a regocijarnos porque él ya había vencido al mundo (Juan 16:33 b). Regocíjate ahora en la luz de esta verdad del evangelio.

Tu celebración comienza en el momento que fue decretado y garantizado por la verdad liberadora de la palabra eterna de Jesucristo: «Y conocerán la verdad, y la verdad los hará libres» (Juan 8:32). Todos los problemas que afrontas hoy tienen una solución en este libro, el cual contiene remedios infalibles para cualquier desafío que te traiga la vida. Por esa razón este libro se titula *Cápsulas de soluciones*. Nunca más caminarás solo o serás menospreciado. Tu llanto se acabó, y tu alegría comienza hoy (Salmos 30:5). Bienvenido al amanecer de tu celebración.

Yo también he tenido mi ración de dificultades en la vida. Muchas veces casi estuve a punto de verme sobrepasado y demasiadas veces desesperé, al igual que le sucedió al apóstol Pablo. Pero incluso en las peores circunstancias, el Señor Dios continuamente mostró Su lealtad hacia mí. Es precisamente de esas experiencias difíciles de donde he extraído los capítulos de este libro.

A medida que digieres estas cápsulas de valor incalculable, confío en que, por medio de la bondad del Señor, recibirás tus soluciones personales. Espero que también empieces a dar testimonio gozoso a tus amigos, asociados y conocidos, para que sepan que aquí tienen un manual inspirado por el Espíritu para vivir una vida victoriosa.

Deseo fervientemente conocer tu testimonio personal y rezo para que Dios te bendiga abundantemente.

Cómo usar este libro

Cada uno de los diez capítulos de este libro se centra en una amplia área de necesidades, que incluyen liberación, sanación, recuperación, promoción y algunos más, y se divide en secciones que diseccionan un problema descrito como un desafío.

Al igual que una prescripción médica después de un diagnóstico adecuado, cada desafío expuesto en este libro obtiene respuesta mediante una solución apropiada para cada caso extraída de la Palabra de Dios, denominada Solución de la Palabra. A continuación siguen los temas de oración inspirados por el Espíritu.

¡Que Dios te bendiga mientras lees!

Capítulo 1

Cápsulas de liberación

Estás liberado

Desafíos

- Te descubres moviéndote en círculos.
- Te sientes encadenado o atado.
- Te caes y te levantas repetidamente.
- Tu movimiento en la vida avanza a paso de caracol.

La solución de la Palabra

Muchas personas están atadas de una u otra forma. Algunas están en prisión, otras están encadenadas por brujos y hechiceros y otras se ven impedidas por maldiciones. Algunas están sometidas por la enfermedad, mientras que otras se ven aplastadas por la pobreza. Sea lo que sea que te está sometiendo, está actuando en contra del plan de Dios: no estás hecho para ser sometido.

Pero ¿cómo puedes saber que algo invisible te está sometiendo? ¿Cómo podrías saber si estás encadenado a causa de fuerzas satánicas? No es muy difícil discernir un patrón malvado que está bien vivo y trabaja en contra del plan de Dios para tu vida. Puedes ver si te estás estancando o te estás retrasando respecto a tus compañeros y amigos de tu misma edad, a pesar de poner todo tu empeño y hacer el esfuerzo más sincero. El destino de todo el mundo no es igual, pero existen ciertas expectativas de progreso que no deberían eludir a nadie en circunstancias normales. Si te encuentras demasiado retrasado respecto a la media, hay algo que va fundamentalmente mal y que te está retrasando. Puede tratarse de una influencia maligna o una carga inútil de la que debes liberarte.

Si todos los amigos de tu edad ya están casados, pero tú todavía estás soltero o soltera en contra de tus deseos, esa lentitud podría no ser algo ordinario. Si después de muchos años de matrimonio sigues sin tener hijos, debes hacerte preguntas sobre ti mismo y tu Creador, porque algo va mal. Necesitas ser desatado y liberado.

Si tu programación académica o tu avance profesional te ha dejado atrás y completamente solo en una estación sin nombre, hay preguntas pertinentes que necesitas formularte. Si todos los inquilinos que te rodean se han convertido en propietarios y tú eres el caso raro, es posible que haya algo que te retiene y que debe abordarse con sinceridad. Si una cura habitual que funciona para otros no funciona para ti, algo debes rectificar.

A Jesús no le gusta ver a nadie oprimido de ninguna forma por Satán. Cuando vio a la mujer con joroba, Sus palabras inmediatas fueron: «Mujer, quedas libre de tu enfermedad» (Lucas 13:12). Fíjate que la mujer no pidió ser curada. Advierte también que Jesús no le impuso Sus manos, simplemente la miró y le habló, y ella se puso recta.

La Biblia dice que Jesús fue haciendo el bien y sanando a todos aquellos que estaban oprimidos por el demonio (Hechos 10:38).

¿Estás atado hoy? Pídele a Jesús que mire hacia ti. Él te liberará.

En 1997 yo estaba atado a una enfermedad no médica que amenazaba mi vida. Empezó con un viento muy poco habitual que emitía un silbido en mi ventana un sábado por la tarde, cuando estaba tumbado en la cama completamente despierto. Ese viento se asentó inmediatamente en mi estómago, acometiendo una operación maligna que duró unos treinta segundos. Desde ese día, mi estómago empezó a sobresalir como si estuviera embarazado. Todos mis sueños se convirtieron en sueños de muerte. Varios de mis conocidos me llamaron para informarme de que me habían visto muerto en sus visiones nocturnas. Pero Dios envió al pastor E. A. Adeboye a la ciudad donde yo vivía y tuve el privilegio de conocerlo. Este general de Dios impuso sus manos sobre mis hombros y declaró: «Padre, a este no lo matarán». La noche siguiente, tuve un sueño en el que los ángeles de Dios me practicaban una cirugía en el estómago y me extirpaban una tortuga viva. Desde ese día mi estómago se normalizó y volvió a estar plano. Aquí estoy hoy, todavía vivo y sirviendo a Dios.La solución de la oración

- Que todos los juicios que me mantienen en prisión se anulen en el nombre de Jesús.
- Que todos los yugos que me oprimen sean destruidos en el nombre de Jesús.
- Que todas las cargas que obstaculizan mi progreso pierdan control sobre mí en el nombre de Jesús.
- Que se rompan ahora todas las maldiciones contra mi progreso en el nombre de Jesús.
- Que todos los poderes que me oprimen me liberen y me dejen ir, en el nombre de Jesús.
- Padre aumenta mi velocidad y permíteme comenzar a sobresalir, en el nombre de Jesús.
- Padre arranca de raíz todo poder fundacional que esté bloqueando mi progreso, en el nombre de Jesús.

Derrotar a los enemigos de tu casa

Desafíos

- Algunos familiares cercanos y amigos sienten envidia.
- Eres odiado o atacado por familiares cercanos.
- Te enfrentas a la rivalidad de tus colegas.

La solución de la Palabra

Todos los hogares tienen un enemigo interno. Jesús reunió a Su lado a doce apóstoles, y uno de ellos se convirtió en enemigo de su hogar. Se llamaba Judas. Estaba robando fondos y al final se convirtió en informante y vendió a su Maestro a extraños, y también colaboró con ellos para hacer matar a Jesús.

Hay un dicho según el cual el brujo del interior informa al brujo del exterior sobre cómo atacar a un miembro de la familia. Los enemigos más mortíferos son los enemigos del hogar. Por eso Jesús dijo que los enemigos del hombre serán los de su propia casa (Mateo 10:36). También por eso David se lamentaba de que los enemigos de su casa casi lo habían destruido, y rezó para que Dios los destruyera a todos (Salmos 55:12–15).

A menudo cometemos un error al pensar que nuestros enemigos están lejos. La realidad es que nuestros enemigos a menudo están muy cerca. Algunos son parientes de sangre, amigos cercanos, asociados o colegas del trabajo. Es posible que otros incluso se cuelen en nuestras iglesias tratando de ganarse nuestra confianza. Los hermanos de José eran enemigos de su casa que conspiraron para matarlo antes de decidir venderlo como esclavo (Génesis 37:12-36).

La envidia es la mayor fuerza motora que se esconde tras la enemistad hacia un hogar. Cuando alcanzas el éxito, debes esperar que los enemigos de tu casa aumenten. Una persona cercana a mí una vez desafió a los contratistas que había contratado yo para construir mi casa de campo. Fue incapaz de contener o enmascarar su envidia. Les preguntó a los contratistas quién les había dado permiso para construir una casa tan bonita en el pueblo. Lo citaron diciendo que yo estaba construyendo una casa que dejaría pequeña la suya, de forma que yo podría ver su propiedad desde la mía. A continuación se jactó de que la casa se completaría por encima de su cadáver. Dios, en toda Su gloria y Su asombroso amor, lo mantuvo vivo y la casa se completó.

Las armas más poderosas que poseen los enemigos de tu hogar son su cercanía a ti y su habilidad para disfrazar sus intenciones. Necesitas el regalo de Dios de discernir los espíritus para ser capaz de saberlo. No debes bajar la guardia. La Biblia dice que el diablo puede actuar como si fuera un ángel de luz (2 Corintios 11:14).

Deja de mirar a lo lejos cuando buscas la fuente o la causa de tus problemas. Mira hacia dentro. Aquellos que no te conocen no te harán daño; no tienen ni motivo ni motivación para hacerte daño, pero aquellos que te conocen podrían volverse envidiosos de tu progreso y desear detenerte.

Ruego a Dios que te abra los ojos hoy y deje al descubierto a tus enemigos verdaderos. Rezo para que Dios desbarate sus maniobras. Lo superarás en el nombre de Jesús.

La solución de la oración

- Padre, deja al descubierto y frustra todas las alianzas malignas y las redes de espionaje que trabajan para el enemigo dentro mi familia, en el nombre de Jesús.
- Padre, expón a todos los enemigos que fingen una amistad conmigo, en el nombre de Jesús.
- Padre, deja al descubierto a todos los agentes del diablo que haya en mi familia o círculo profesional, en el nombre de Jesús.
- Padre, arranca de raíz todas las plantaciones que no sean de Dios en mi vida, mi familia o mi iglesia, en el nombre de Jesús.
- Padre, inutiliza todas las armas que se formen contra mí, en el nombre de Jesús.
- Padre, concédeme tu espíritu y sabiduría para discernir el odio y la enemistad que haya tras las pretensiones de personas cercanas a mí, en el nombre de Jesús.

Que se haga la luz

Desafíos

- Estás confuso.
- Necesitas la guía divina.
- Las cosas parecen desorganizadas a tu alrededor.
- Los espíritus y poderes malignos parecen reinar en tu familia.
- La enfermedad, el dolor, la muerte o la tristeza parecen impregnar tu vida.

La solución de la Palabra

La oscuridad es lo opuesto de la luz, pero a menudo precede a la luz. «Sea la luz», ordenó Dios al principio de la creación (Génesis 1:3) en un momento de oscuridad y caos absolutos sobre la faz de la Tierra. La luz y la oscuridad no pueden coexistir, una debe ceder ante la otra.

La oscuridad es virtualmente colindante a las obras del diablo. La mayoría de las cosas malignas suceden bajo el manto de la oscuridad. Es la zona de confort de Satán, su morada y su campo misionero, desde donde lanza su ataque triple contra la humanidad: robar, matar y destruir. La Biblia se refiere a una determinada categoría de demonios como «los que gobiernan las tinieblas de este mundo» (Efesios 6:12). Como la oscuridad es la morada de Satán, las actividades malignas florecen en la oscuridad. Algunos ejemplos son el adulterio, el robo, el asesinato y las prácticas de idolatría. Las enfermedades, los fracasos, la frustración, la violencia, la pobreza y el resto de circunstancias malignas son compañeras de cama de la oscuridad.

Así que, cuando Dios dijo: «¡Que haya luz!» (Génesis 1:3), quería decir: «Que cese el reinado del mal y que la bondad y la misericordia prevalezcan». Dios decretó que la buena salud y la prosperidad deberían dominar, que el ascenso debía tomar el relevo, que la confusión debía cesar y que el orden debía dominar. Significa que los demonios y los brujos cesan de reinar y que reinan Dios y Su pueblo.

La Biblia dice que Jesús es «la Luz del mundo» (Juan 8:12). También reconoce a Jesús como la Palabra de Dios que se hizo carne (Juan 1:1, 14). La Biblia es la Palabra de Dios; cuando la estudiamos, estamos estudiando a Jesús, la Palabra de Dios y la Luz del mundo. Jesús puede iluminar física y espiritualmente nuestras mentes y nuestro entorno.

En 2005 conocí a una mujer que se había convertido recientemente y estaba ávida por aprender la Palabra de Dios. Una tarde, ella y yo estudiamos las Escrituras en el balcón de la habitación de mi hotel durante más de dos horas. Ojalá hubieras visto el brillo de su rostro mientras asimilaba la Palabra escrita de Dios, precepto tras precepto. El sol se estaba poniendo y se estaba preparando para irse cuando una potente luz brilló por todo el hotel. La mujer atrajo mi atención hacia la luz y ambos levantamos la vista. Era la luna, que parecía que brillaba con más fuerza que el sol. Con esa luz tan oportuna, pudimos continuar nuestro estudio de la Biblia durante otras dos o tres horas. Ella no dejó de recordarme que la luna no había sido tan brillante la noche anterior y, sin embargo, ahí estaba para nosotros: una luna llena y luminosa que brilló toda la noche. La noche siguiente la luna no apareció. Dios nos había demostrado que puede hacer cualquier cosa. Él es la luz del mundo.

Cuando Dios dijo: «¡Que haya luz!», prácticamente quiso decir: «Que

Jesús se manifieste». Por eso Jesús apareció en el mundo. Se hizo hombre y habitó entre nosotros (Juan 1:14).

Profetizando el nacimiento de Jesús, Isaías dijo: «El pueblo que andaba en tinieblas vio una gran luz» (Isaías 9:2). Esta profecía del Antiguo Testamento se cumplió en Jesús (Mateo 4:16–17). La luz de Cristo resplandece en las tinieblas, pero las tinieblas no lo comprenden (Juan 1:5).

Pídele a Dios que brille como luz en tu familia y en todas tus iniciativas. La luz de Dios tiene el poder de alejar las tinieblas.

La solución de la oración

- Padre, elimina de mi vida toda forma de oscuridad, en el nombre de Jesús.
- Padre, que tu luz resplandezca continuamente en mi familia, en el nombre de Jesús.
- Padre, que tu luz resplandezca sobre mi nación, en el nombre de Jesús.
- Padre, conviérteme en una luz para las naciones del mundo, en el nombre de Jesús.
- Que todos los gobernantes de la oscuridad que hay en mi vida sean destronados y expulsados para siempre, en el nombre de Jesús.
- Que haya luz ahora que brille sobre mi destino, en el nombre de Jesús.
- Que desaparezca ahora mismo toda nube maligna que esté bloqueando la luz en mi vida, en el nombre de Jesús.

El poder de los altares

Desafíos

- Cuando los enemigos erigen altares malignos para atacarte.
- Cuando experimentas ataques satánicos prolongados y sostenidos en el tiempo.
- Cuando los enemigos consultan con médiums y falsos profetas para infligirte daño.

- Cuando enfrentas problemas recurrentes.
- Cuando deseas respuestas aceleradas a tus oraciones.

La solución de la Palabra

Los altares son puntos de encuentro entre el hombre y los espíritus. Los espíritus malignos se congregan alrededor de los altares malignos de la misma forma que los altares buenos atraen el poder todopoderoso de Dios para su comunión con la humanidad. Los altares tienen poder, son puntos de confraternización.

Los altares malignos son erigidos por los adoradores de ídolos y pueden encontrarse a la vista en comunidades paganas, arboledas, santuarios, plazas de pueblos, mercados y otros lugares de reunión. En las culturas actuales más urbanas, son mantenidos en secreto por muchos en la privacidad de sus dormitorios y en otros lugares ocultos.

Erigir un altar maligno es idolatría. Dios detesta los altares malignos y ordena que sean destruidos por Sus siervos fieles. Dios le dijo a Gedeón que destruyera los altares de Baal (Jueces 6:25–27). Elías destruyó los altares de Baal e hizo matar a los profetas que impartían ministerio en esos altares (1 Reyes 18:40).

En todos los lugares en los que encuentras altares malignos, nunca hay progreso y bien social para las personas. Las familias, pueblos y ciudades que adoran a ídolos se pudren en la pobreza y el atraso, y se ven asolados por frecuentes calamidades y padecimientos inexplicables. Los hombres jóvenes mueren en la plenitud de la vida, dejando multitud de viudas dolientes y huérfanos desamparados. La nación de Israel cayó en esa situación desesperada cuando su pueblo adoraba a Baal. Una terrible sequía asoló la tierra en tiempos de Elías debido a la extendida adoración a ídolos durante el reinado del rey Ahab y su esposa Jezabel. En una época anterior en la que los israelitas habían adorado a Baal, Dios había hecho que los madianitas les destrozaran sus cosechas y se habían visto obligados a vivir en cuevas (Jueces 6:1–4).

Examina más de cerca tu vida, tu familia y tu pueblo. ¿Todavía adoran a algún ídolo? ¿Han ganado dinero con un ídolo o han buscado ganarlo u obtener alguna clase de ventaja o poder imaginario mediante un altar maligno? Desconéctate de todos los altares malignos hoy mismo y renuncia a toda ganancia asociada a ellos. Aunque tu vínculo con un altar maligno sea heredado de tus padres u otros antepasados, sigue siendo una maldición que está impidiendo tu progreso actual. Dios ha dejado claro que castigará hasta a cuatro generaciones por idolatría (Deuteronomio 5:9). Deja de dar tumbos, rompe cualquier pacto heredado y sé libre.

Conozco una comunidad rural que ha permanecido estancada durante años mientras todos sus vecinos se desarrollaban a gran velocidad. Sus jóvenes estaban muriendo a un ritmo alarmante, sus desventuradas propiedades estaban llenas de proyectos incompletos. La comunidad se alzó como una sola persona y renunció a sus ídolos. La imagen cambió inmediatamente después de eso, y el desarrollo se convirtió en el nuevo rostro de la comunidad.

Cuando destruyas los altares malignos, erige un altar al Dios de Israel en el nombre de Su único Hijo, nuestro Señor y Salvador Jesús el Cristo.

La Biblia nos ofrece un ejemplo excelente en Noé. Justo después del diluvio universal que borró de la faz de la Tierra a toda la raza humana, Noé recibió el encargo de Dios de repoblar la Tierra con todas las formas de vida que se habían salvado con él. Sabía que las comunicaciones entre Dios y la humanidad se habían roto cuando la humanidad permitió que el demonio se interpusiera entre ella y Dios, su Creador.

Lo primero que hizo Noé fue construir un altar para Dios (Génesis 8:20) y ofrecer a Dios el sacrificio de un animal. La Biblia nos dice que Dios olió el dulce aroma de su sacrificio y prometió a la humanidad que nunca más destruiría el mundo con agua. También dijo que el tiempo de siembra y el tiempo de cosecha nunca desaparecerían de la faz de la Tierra.

Advierte también en Génesis 12:7 que lo primero que hizo Abraham cuando Dios lo llamó fue erigir un altar. Un altar de Dios es un lugar consagrado donde Dios habla a Sus elegidos. Si un hombre santo levanta un altar verdadero a Dios, sus siguientes oraciones van precedidas invariablemente de: «Así dice el Señor». Un altar de Dios es también un lugar de sacrificio. El mejor lugar para ofrecer un regalo a Dios es Su altar. Dios lo disfruta inmediatamente: los devotos de corazón puro lo hacen feliz.

Para Jesús la pureza de corazón era condición previa para realizar una ofrenda aceptable a Dios. Se aseguraba de examinar primero el corazón de todo aquel que trajera una ofrenda ante el altar. Si descubría en él cualquier rastro de amargura contra un hermano, debía dejar su ofrenda a un lado y reconciliarse con ese hermano antes de regresar a ofrecer el sacrificio. Una ofrenda no puede ser aceptable para Dios si el corazón del oferente no es aceptable para Él. Un altar de Dios es un lugar de comunicación constante entre Dios y los puros de corazón. Como Dios está siempre en Su altar, las peticiones allí presentadas reciben una rápida atención que podría acelerarse aún más si se respalda con ofrendas sacrificiales.

¿Tienes un problema complicado que parece desafiar a toda solución? ¿Te enfrentas a un desafío por el que has rezado y ayunado, e incluso has pedido el consejo e intercesión de algunos hombres de Dios, pero todo en vano? ¿Has considerado la posibilidad de hacer una ofrenda sacrificial al altar de Dios respecto a ese problema? Asegúrate de que esa ofrenda sea de verdad un sacrificio, y de hacerla ante un altar santo. Dile a Dios por qué te acercas a Su altar. Estás muy cerca de tu testimonio triunfal, ya que Dios nunca falla.

Te veo levantándote de nuevo. Lo conseguirás. Esta vez no fracasarás.

La solución de la oración

- Que se rompan más allá de toda reparación todos los altares malignos levantados en mi familia, en el nombre de Jesús.
- Que se aparte a todos los sacerdotes malignos que imparten ministerio ante un altar maligno dentro de mi familia o contra ella, en el nombre de Jesús.
- Que se rompan todos los poderes que financian o promueven un altar maligno, en el nombre de Jesús.
- Que se rompa ahora toda maldición de altares malignos, en el nombre de Jesús.
- Que se desmantele todo acuerdo satánico que haya en mi familia, en el nombre de Jesús.
- Que se anule toda calamidad, contratiempo y derrota que haya sufrido a causa de altares malignos, en el nombre de Jesús.
- Me desconecto y renuncio a cualquier altar maligno que levantaran mis padres y antepasados, en el nombre de Jesús.

Libertad para los prisioneros

Desafíos

- Cuando sientes que caminas en círculos.
- Cuando sueñas con ser arrestado, juzgado y sentenciado.
- Cuando te elevas repetidamente pero después caes.
- Cuando las cosas buenas que te estaban destinadas nunca llegan a ti.
- Cuando estás estancado en la vida.
- Cuando en tus sueños te encierran bajo llave.

La solución de la Palabra

Puede que te cause asombro saber que muchas personas que aplauden con ostentosa felicidad en realidad tienen las manos esposadas espiritualmente. Tal vez te asombre descubrir que muchos de los que parecen llevar ropas hermosas en realidad están vestidos espiritualmente con toscas ropas carcelarias. Si eso te suena a cuento de hadas, te ruego que le pidas a Dios que abra tus ojos.

Hay muchas señales que delatan cuando alguien está encerrado en una prisión espiritual. A menudo no es simple casualidad que se vea un patrón repetido de avances y fracasos en la carrera profesional, los negocios, la familia y otros objetivos merecedores del esfuerzo. Un hombre inteligente y trabajador podría permanecer empobrecido si está atado por cadenas espirituales. Otro signo de prisión espiritual es el síndrome de «casi-allí», un patrón en el que siempre se fracasa cuando se está a punto de tener éxito.

Si has estado mucho tiempo caminando en círculos, es posible que hayas estado encerrado en una prisión espiritual. ¿Cuál es la cápsula de solución para tu liberación y escape de esa prisión? El salmista cantó: «¡La red se abrió, y nosotros escapamos!» (Salmos 124:7) y «El Señor da libertad a los cautivos» (Salmos 146:7). Una razón principal por la que Jesús vino al mundo fue para liberar a los prisioneros (Lucas 4:18).

Todos nosotros necesitamos la intervención divina en este mundo de pecado y maldad espiritual. Gracias Dios por Jesús, el único que puede liberarnos. Alaba a Dios en este momento. Ruega por ti mismo y pídele a otros que recen por ti. Pablo y Silas, encadenados y en prisión, alabaron a Dios a pesar de las terribles condiciones que sufrían, y Dios los liberó (Hechos 16:25). En un episodio relacionado, los apóstoles oraron por Pedro mientras estaba en prisión, y fue liberado (Hechos 12:5–11).

Tú también puedes salir de cualquier prisión, ya sea física o espiritual. Ya te veo libre. Levántate, clama a Dios y alábalo.

La solución de la oración

- Padre, abre mis ojos espirituales para saber quién soy ante ti, en el nombre de Jesús.
- Que todos los juicios de Satán contra mí se anulen, en el nombre de Jesús.
- Que se cancele toda falsa acusación contra mí o contra mi familia, en el nombre de Jesús.
- Que todos aquellos que conspiran para encerrarme sean diseminados como la paja, en el nombre de Jesús.
- Le digo a toda casa de servidumbre que hostiga o espera conseguir mi alma que la trampa está rota y mi alma ha escapado, en el nombre de Jesús.
- Que todos los juicios satánicos contra mi alma se anulen, en el nombre de Jesús.
- El Hijo de Dios me ha liberado, por lo que cualquier intento del enemigo por encerrar mi destino bajo llave fracasará, en el nombre de Jesús.

El Señor luchará por ti

Desafíos

- Cuando sigues luchando y perdiendo.
- Cuando tus enemigos son demasiado fuertes para ti.
- Cuando hay una banda del mal luchando contra ti.

- Cuando la batalla todavía es encarnizada y has agotado todas tus armas.
- Cuando quieres que el Señor de los Ejércitos se ocupe de tus enemigos.

La solución de la Palabra

Una vez, un amigo me preguntó: «¿Cuándo acabarán todas estas batallas?». Yo me reí, porque sabía que las batallas no terminarán hasta que estemos en el Cielo. También sabía que, como soldados, estábamos destinados a librar batallas. Sabía además que el Reino de los Cielos sufre violencia y que solo el violento puede tomarlo por la fuerza. Una verdad básica que ningún creyente debería olvidar es que el demonio, nuestro adversario, es como un rugiente león que se mueve a nuestro alrededor decidiendo a quién devorar.

Durante los tres años de Su ministerio terrenal, Jesús nuestro Señor libró batallas muy duras. Nos advirtió que esperáramos recibir el mismo odio y persecución del mundo que sufrió Él (Juan 15:20). Pero, como somos humanos, somos carne y no podemos luchar incansablemente. Necesitamos intervalos de sueño, descanso y ocio. Necesitamos trabajar y necesitamos disfrutar de la vida con familia y amigos. Descubrí que este era el motivo subyacente para la promesa permanente que nos hizo Dios: que ÉL lucharía por nosotros y podríamos conservar nuestra paz (Éxodo 14:14). El rey David, un hombre sabio, le pidió a Dios que luchara contra aquellos que peleaban contra él (Salmos 35:1). Dios nos aconsejó que le lleváramos a él nuestras cargas y Él nos proporcionaría descanso (Mateo 11:28).

Hace unos años, un colega me acusó de algo que yo no había hecho y nunca había pensado hacer. Esa acusación me causó tanto dolor de corazón que lloré toda la noche. Pero Dios le habló a mi corazón y me dijo que todo estaba bien. Fue una confianza tranquila para mi espíritu y me secó las lágrimas, aunque todavía me dolía mucho. Cuando Dios se levantó en mi nombre, el tipo se metió en numerosos problemas y acabó confesando que alguien le había pedido que me tendiera una trampa. Dios luchó por mí, y también peleará por ti.

Debemos aprender del rey Ezequías, que se negó a verse arrastrado a una pelea física con sus enemigos, a pesar de la provocación extrema. Se limitó a reportarlos ante Dios, que envió a un ángel para que se encargara de ellos en su nombre (Isaías 37:14–20).

Ahora que lo comprendes, sal a la batalla contra el mal con sabiduría; busca la guía divina en la oración y en el estudio meditativo de la Biblia. Una de las promesas más inolvidables de Dios contenidas en la Biblia es que, si rezamos según Su deseo, Él nos responderá. Dios no responde a nuestras peticiones porque sean muy numerosas: una oración llena de espíritu es más beneficiosa que mil oraciones inducidas por la carne. La frecuencia o la longitud de las vigilias no resolverá nuestros desafíos. Debemos vivir y caminar en el Espíritu. Nosotros, los que adoramos a Dios, debemos hacerlo en el Espíritu y en verdad (Juan 4:24).

Toma la cápsula adecuada y deja que Dios pelee por ti. Cédele a Él tus batallas. Él conoce a tus enemigos y sus debilidades. Él tiene las armas adecuadas, y es imposible que pierda ninguna batalla. Él quiere luchar por ti para que tú tengas paz. Cédele todas tus batallas a Dios.

La solución de la oración

- Padre, aleja de mí mis aflicciones y concédeme descanso, en el nombre de Jesús.
- Alíviame de mi carga maligna, oh Padre, rezo en el nombre de Jesús.
- Padre, lucha contra aquellos que pelean contra mí, te rezo en el nombre de Jesús.
- Padre, te cedo todas las batallas sobre mi destino, en el nombre de Jesús.
- Padre, soporto demasiada carga. Alíviame del trabajo en vano y concédeme Tu favor, en el nombre de Jesús.
- Padre, al igual que peleaste por José y David, pelea por mí, en el nombre de Jesús.
- Ocúpate, Padre, de todos los faraones decididos a destruirme, en el nombre de Jesús

Liberación del Mal

Desafíos

- Cuando quieres ser salvado de tus problemas.
- Cuando deseas libertad de tu cautiverio.
- Cuando te enfrentas a enemigos violentos.
- Cuando sufres padecimientos inexplicables.
- Cuando experimentas violencia satánica.

La solución de la Palabra

En Salmos 140:1, David dijo: «Señor, líbrame de los malvados; ¡protégeme de los violentos!». Amigo mío, el mundo está lleno maldad espiritual forjada u ordenada por Satán a través de sus agentes humanos. Satán es real, y cualquiera puede ver o sentir sus obras destructivas. Jesús lo llamó el padre de las mentiras (Juan 8:44), porque usa cualquier truco mezquino que puede inventar para embaucar a las personas.

La violencia, la opresión, el asesinato, el robo y la destrucción impregnan toda la Tierra de una época a la siguiente. Estas son las huellas de Satán, que se regocija en robar, matar y destruir (Juan 10:10). Pero Jesús nuestro Señor sufrió la crucifixión en el Calvario y desde allí liberó la gracia de la salvación para toda la humanidad a través de la fe. La salvación es la liberación del yugo de las obras de Satán, el dictador cuyo único lenguaje es la violencia. La iglesia de Cristo puede predicar la salvación mediante la oración a Dios para que intervenga y nos salve a nosotros y a los nuestros de la maldad de Satán. Como miembros de la iglesia viva, podemos asegurar la salvación pidiéndole a Dios que frustre las argucias de los malvados.

David oró: «¡No permitas, Señor, que triunfen los malvados!¡Frustra sus planes!» (Salmos 140:8). El malvado siempre está concibiendo estratagemas para atacarnos a nosotros, a nuestros seres queridos y a todo lo bueno que nos dio Dios. No deberíamos equivocarnos en esto: nos odia porque somos humanos, la creación primordial de Dios, por quienes murió Jesucristo. El odio de Satán empeora incluso más cuando, por la fe en Cristo, recibimos el poder de convertirnos en hijos de Dios, como el mismo Cristo. Jesús dijo que Satán y sus cohortes nos odiarían porque lo odiaban a Él (Juan 15:20).

Al buscar la salvación, debemos aplicar sabiduría divina, obedecer estrictamente la Palabra de Dios y no dar nada por sentado. Los soldados convencionales te dirán que una estrategia básica de guerra es conocer a tu enemigo. ¿Reconoces al enemigo? La Biblia nos advierte que el demonio se puede disfrazar y se disfraza como ángel de luz. Su objetivo, por supuesto, es evadir la detección, como enemigo que es. Intenta embaucar al incauto para que tome una cena envenenada sentado a su mesa de muerte. Sansón se alió con un enemigo enfrentado a él por Satán y acabó mal. Rezo para que tú no hagas lo mismo.

No todo el mundo te ama. Cuanto más éxito tengas, más combatirá Satán tu progreso apostando enemigos conocidos y desconocidos contra ti. Ten cuidado y mantente atento; como dice la Biblia, sé prudente porque tu enemigo es un león rugiente, buscando a quién devorar (1 Pedro 5:8).

La buena noticia es que Dios ha previsto completamente tu salvación total. En una situación desesperada comparable a la tuya, David clamó a Dios por su salvación. Debes hacer lo mismo hoy con confianza total en la Palabra de Dios. «Invócame en el día de la angustia; yo te libraré». (Salmos 50:15). La promesa misericordiosa de Dios es que cuando los malvados conspiren contra ti, serán hechos añicos (Isaías 8:8-10). ¿Sabes que Dios es capaz y está deseando contender con todo lo que contiende contigo? (Isaías 41:10–13). ¿Eres consciente de que Dios está dispuesto a tomar cautivos a todos aquellos que quieren tomarte cautivo a ti? (Apocalipsis 13:10).

No sigas encadenado. Deja de quejarte y murmurar, y compórtate como el rey David. Ruega a Dios ahora. No permitas que tu negocio sea cautivo de las fuerzas del mal. No permitas que tu matrimonio se eche a perder. Cuando Dios se alza, tus enemigos se dispersan (Salmos 68:1). Dios está esperando tu plegaria. Cuando los israelitas clamaron en su esclavitud, Dios los escuchó y los liberó (Éxodo 2:23–24).

Tu libertad es tuya ahora, cuando ruegas a Dios en la oración.

La solución de la oración

- Padre, desconéctame de todos los hombres malvados y de toda asociación maligna, en el nombre de Jesús.
- ¿Hay un hombre o mujer malvada fingiendo bondad hacia mí?
- Padre, exponlos en el nombre de Jesús.
- Padre, impide que el hombre violento me destruya, en el nombre de Jesús.
- Padre, inutiliza toda arma maligna del hombre programada contra mi familia, en el nombre de Jesús.
- Padre frustra las estratagemas y artimañas que el malvado ha diseñado contra mí, en el nombre de Jesús.
- Padre, ayúdame a ser prudente para discernir a mis enemigos, en el nombre de Jesús.
- Padre, contiende con toda persona malvada que contiende contra mi vida, en el nombre de Jesús.

Guerra angélica

Desafíos

- Cuando hay retraso en la respuesta a tus plegarias.
- Cuando deseas que los ángeles de Dios peleen por ti.
- Cuando la batalla es tan encarnizada que te sientes sobrepasado en número.

La solución de la Palabra

Antes de que Dios crease a los seres humanos, creó a los ángeles para que lo sirvieran a Él y a la humanidad. Adoran a Dios sin interrupción (Apocalipsis 7:11). Sin embargo, la Biblia se refiere a ellos como espíritus ministradores, enviados para servir a quienes serán los herederos de la salvación (Hebreos 1:14). Los adoradores de Satán prosperan explotando el poder que la humanidad posee sobre los ángeles. En esencia, la brujería y otras prácticas del ocultismo se basan en invocar y desplegar a los ángeles caídos para que ejecuten tareas impías. Estos seres malditos, conocidos también como demonios, son invocados mediante sacrificios ofrecidos por hombres y mujeres depravados en altares malignos. Tales sacrificios permiten a los devotos de Satán invocar a los demonios para que ejecuten encargos malvados contra las personas de moral recta, los hijos de Dios. Los demonios obedecen dichas invocaciones sin protestar.

Pero la buena noticia es que los ángeles de Dios están siempre disponibles para actuar en defensa y en el nombre de los creyentes renacidos. Cuando rezas a Dios, el Señor de los Ejércitos, Él envía a sus poderosos ángeles para que intervengan a tu favor. Los cristianos creyentes en la Biblia no deben rezar a los ángeles o invocar su ayuda directamente. Su oración, la ayuda en la guerra y cualquier otra ayuda debe ser solicitada a través de Dios, quien, como único propietario del universo, puede decidir ordenar a Sus ángeles que vayan a la guerra en tu nombre. Por ejemplo, cuando un ángel del mal, el príncipe de Persia, peleó para retrasar los milagros de Daniel, Dios envió a un ángel del bien, Miguel, para derrotar a este contendiente maligno. (Daniel 10:13). Mientras tanto, Daniel no cejó en su oración y continuó rezando hasta que vio el resultado completo.

De manera similar, cuando Dios decidió encargarse del arrogante rey asirio Senaquerib, que estaba atormentando a Judá, envió a un solo ángel a matar a 185.000 soldados del ejército asirio (Isaías 37:36). Dios es fiel a Su alianza con sus hijos y nunca se retrasará al actuar.

Piensa en lo que sucedió cuando llegó la hora de que Jesús resucitara tres días y tres noches después de Su muerte y enterramiento: Dios envió a un ángel para que moviera la piedra que cubría el sepulcro (Mateo 28:2). De una forma muy parecida, Dios necesitó solo un ángel para abrir las puertas de la prisión y liberar a los apóstoles (Hechos 5:19, 12:7). No es sorprendente que el salmista dijera que Dios había encargado a Sus ángeles que nos protejan de cualquier daño. (Salmos 91:11).

En mis primeros años como cristiano, me aterrorizaba la noche. Tenía sueños aterradores y ocurrieron varias manifestaciones extrañas en mi casa. Vivía solo en una casa encantada. Entonces, una noche en un sueño, Dios me abrió los ojos y vi ángeles por primera vez: uno cuyo turno había acabado y otro cuyo turno acababa de empezar. Dios me permitió oír sus discusiones. El ángel que acababa de llegar le pidió un informe de la situación al que se iba. Su compañero le aseguró que el área era segura y que tenía poco o nada que hacer.

Me desperté y recordé el versículo Salmos 91:11, en el cual Dios prometió encomendar a Sus ángeles nuestro cuidado. Desde ese día dejé de tener miedo, ya que comprendí que nunca estaba solo. Amigo mío, hay un ángel como mínimo en guardia sobre ti.

Es hora de que sepas lo útiles que pueden ser los ángeles de Dios en tu guerra espiritual. Están a la espera para llevar a cabo grandes tareas por ti, pero, como espíritus ministradores (Hebreos 1:14), solo pueden actuar por orden de Dios, y Dios les dará instrucciones relativas a ti solo en respuesta a tus oraciones. Dios no les dará instrucciones si tú no te implicas en la oración combativa o clamas pidiendo su ayuda en el lugar de oración. Si Satán ha desorganizado o destruido algo en tu vida, puedes rogarle a Dios y Él enviará ángeles para que trabajen para ti. Si te han robado algo, los ángeles de Dios pueden encargarse de su oportuna recuperación si rezas por ello.

En una reciente vigilia nocturna, Dios abrió los ojos de un hermano y vio un ataúd y algunos demonios en la sala de estar. Se dio la orden de sacar el féretro de allí y quemarlo, y en ese momento, casi inmediatamente, tuvo otra visión en la cual, como se había ordenado, el féretro fue llevado lejos al instante y quemado.

Empieza a implicarte en la guerra espiritual y verás a los ángeles trabajar en tu favor. David pidió a Dios que el ángel del Señor diera caza a sus enemigos (Salmos 35:5). Haz lo mismo hoy para avivar la guerra angélica en tu favor. Veo a los ángeles peleando por ti y facilitando tu victoria para gloria de Dios.

La solución de la oración

- Padre, envía a tus ángeles para guardar mis pies frente a cualquier piedra en el camino, en el nombre de Jesús.
- Ordeno a todos los demonios enviados contra mí que vuelvan junto al que los envió, en el nombre de Jesús.
- Renuncio a cualquier ángel del mal que afirme estar casado conmigo, en el nombre de Jesús.

- Padre, que tus ángeles eliminen todos los obstáculos que impiden mi progreso, en el nombre de Jesús.
- Que los ángeles de Dios procedan ahora para recuperar mis bendiciones, en el nombre de Jesús.
- Padre, que tus ángeles den caza a cualquier demonio que tenga asignada una tarea maligna en mi familia, en el nombre de Jesús.
- Que los ángeles de Dios reorganicen y reparen lo que los espíritus del mal han desorganizado en mi vida, en el nombre de Jesús.

El Señor de los Ejércitos

Desafíos

- Cuando necesitas dejar tus batallas en manos de Dios.
- Cuando necesitas delegar en Dios tus esfuerzos para descansar.
- Cuando te sientes sobrepasado por las fuerzas enemigas.

La solución de la Palabra

Muy a menudo deseamos vengarnos nosotros mismos de nuestros enemigos. Pero el Señor dice que la venganza le pertenece solo a Él (Romanos 12:19). Con bastante frecuencia, en nuestras batallas confiamos en nuestras conexiones humanas y en las armas físicas de nuestro arsenal humano. Sin embargo, la verdad es que nuestras armas humanas no pueden otorgarnos la victoria porque, según las escrituras, nuestras armas de guerra no son carnales (2 Corintios 10:4). Independientemente de nuestras impresiones o puntos de vista personales sobre el asunto, ningún ser humano es nuestro enemigo real. La Biblia deja claro que nuestro adversario es el diablo (1 Pedro 5:8).

Cualquier guerra que libremos contra un enemigo equivocado es una causa perdida desde el principio. El empleo de armas equivocadas o inadecuadas dan como resultado la derrota. Luchamos nosotros solos y por eso nos agotamos fácilmente. Ninguna victoria es posible cuando combatimos en carne y hueso en una guerra que debe librarse en espíritu. La única forma en la que podemos ganar una batalla espiritual es cediéndosela al Señor de los Ejércitos. David anunció a Goliat: «La victoria es del Señor, y él va a ponerlos a ustedes en nuestras manos». (1 Samuel

17:47). Escucha de nuevo las palabras de Moisés cuando los israelitas fueron cercados contra el mar Rojo por los carros perseguidores del faraón: «Quédense tranquilos, que el Señor peleará por ustedes». (Éxodo 14:14).

En otro momento de gran dificultad, las fuerzas intimidantes y combinadas del monte Seir, Amón y Moab rodearon a Judá para destruirlo. Pero Dios habló a Su pueblo a través de un profeta, diciendo: «En este caso, ustedes no tienen por qué pelear. Simplemente quédense quietos, y contemplen cómo el Señor los va a salvar». (2 Crónicas 20:17).

Deja de esforzarte por pelear todas tus batallas por ti mismo. Deja el asunto en manos del Señor de los Ejércitos, que está esperando tu consentimiento para hacerse cargo de tus batallas. Nunca ha perdido una batalla porque nadie puede pelear contra el Señor. Deja que pelee por ti, y tú obtendrás descanso.

La solución de la oración

- Padre, te ruego que te encargues de todas mis batallas y luches por mí, en el nombre de Jesús.
- Padre, véngame de mis adversarios, en el nombre de Jesús.
- Con mis límites humanos, oh Padre, hazte cargo y acaba todas las tareas en mi lugar, en el nombre de Jesús.
- Padre, equípame para pelear en las batallas de la vida, en el nombre de Jesús.
- Satán, saca tus sucias manos de mi vida, en el nombre de Jesús.
- Padre, dejo en tus manos todos los problemas y desafíos de mi destino, en el nombre de Jesús.
- Padre, al igual que hiciste por el rey Salomón, dame descanso de todas las batallas, en el nombre de Jesús.

Deja que mi pueblo se vaya

Desafíos

- Cuando necesitas liberarte desesperadamente.
- Cuando necesitas las maravillas y las señales de Dios para salir victorioso sobre tus enemigos.

- Cuando deseas la liberación de la opresión.
- Cuando quieres que se rompan las cadenas de la esclavitud.
- Cuando deseas que Dios silencie a los enemigos malvados y obstinados.
- Cuando estás cansado de vivir como un esclavo.

La solución de la Palabra

Durante 430 años, los israelitas vivieron en Egipto. José fue su predecesor en esta asombrosa historia vital que lo vio elevarse desde una posición muy baja como extranjero y esclavo a su nombramiento como primer ministro de palacio. José llevó a toda la casa de su padre a Egipto, la tierra que lo había encumbrado, salvándolos de este modo de la hambruna que asolaba todo el mundo en esa época. Pero años después de la muerte del patriarca Jacob y el favorecido José, ascendió al trono un faraón que no conocía el papel épico que el fallecido José había tenido en la salvación de Egipto. Como consecuencia, la persecución y esclavitud de los hebreos se convirtió en política estatal en Egipto.

Aunque los israelitas sufrieron en silencio la fase inicial de su opresión, pronto empezaron a clamar a Dios a medida que aumentaba el tormento. La Biblia registra que Dios oyó sus ruegos y elevó a Moisés para liberarlos. El mandato inequívoco de Dios a Moisés era que debía ir ante el faraón y exigir de Egipto: «Deja ir a mi pueblo, para que pueda servirme». (Éxodo 5:1). Pero la liberación de Israel no iba a suceder sin una batalla. El faraón opuso gran resistencia, pero la voluntad de Dios se impuso al permitir que Moisés ejerciera un poder formidable y lograra que Egipto cediera.

Fíjate que Dios se refería a los israelitas como Su pueblo. Toma nota también de que Dios intervino únicamente cuando su pueblo se lo rogó. Otro aspecto de gran significado en la narrativa es el propósito expreso de Dios para liberar a Su pueblo cautivo: que lo sirvieran a Él y a ningún otro dios. Dios concedió a Su pueblo un privilegio especial, una recompensa por sus años de miseria, sufrimiento y esclavitud en la tierra que los esclavizó. Les permitió arruinar a los egipcios como señal de favor divino, prueba de que la liberación y la recuperación divina van de la mano.

El eterno deseo de Dios es llevar a cabo liberaciones extraordinarias para todo Su pueblo. Cualquiera que esté esclavizado puede ser liberado junto a su familia. Cualquier poder que intente resistirse o impedir la acción de Dios para liberar a alguien está pidiendo a gritos un castigo especial de Dios.

Recuperarás todo lo que hayas perdido, porque Dios te concederá un favor especial en señal de compensación. Pero debes decidirte a servir a Dios y solo a Dios. Prepárate para la liberación total y clama a Dios pidiéndole ayuda. Por fin tendrás libertad de la esclavitud y la aflicción.

La solución de la oración

- Padre, te ruego que intervengas en todos los problemas que llevan mucho tiempo pendientes en mi vida y acabes con ellos, en el nombre de Jesús.
- Padre, líbrame de cualquier tipo de esclavitud, en el nombre de Jesús.
- Rompo y renuncio ahora a toda maldición o pacto ancestral que me mantiene esclavo, en el nombre de Jesús.
- Padre, rescátame de todos los espíritus obstinados que pelean contra mi libertad, en el nombre de Jesús.
- Padre, decreta mi liberación total de la esclavitud, en el nombre de Jesús.
- Padre, toma cautivo a todo espíritu que intente conducirme al cautiverio, en el nombre de Jesús.
- Padre, cuando nos liberes a mi familia y a mí de la opresión, permítenos recuperar todo lo que el enemigo nos ha robado, en el nombre de Jesús.

Dios de venganza

Desafíos

- Cuando te sientes magullado y cansado de las flechas del enemigo.
- Cuando quieres justicia contra tus enemigos.
- Cuando deseas el fin de los continuos ataques del enemigo.
- Cuando quieres que Dios les dé una lección a tus enemigos.
- Cuando quieres que la venganza de Dios caiga sobre tus enemigos.
- Cuando quieres que Dios vuelva al enemigo contra sí mismo.

La solución de la Palabra

La Biblia dice que es justo que Dios recompense con sufrimiento a quienes nos hacen sufrir a causa de nuestra fe (2 Tesalonicenses 1:6). Ciertas personas nos hacen sufrir y están decididas a causarnos dolor y aflicción. Cuanto más amor les mostramos, más nos atacan y quieren mutilarnos a nosotros y a nuestros hijos sin escatimar armas de su arsenal satánico. Nos atacan en casa, en el trabajo, en todas partes, vigilándonos año tras año para afligirnos más y más. Esos son los siervos comprometidos de Satán. Dios sabe cómo y cuándo castigarlos con problemas que no pueden solucionar y que los mantienen tan ocupados que nosotros conseguimos un respiro.

Eclesiastés 10:8 dice que aquel que cava un hoyo caerá en él. Salmos 109:17 dice que, ya que el enemigo ama la maldición, él también será maldito. Dios odia a los enemigos obstinados que no te permiten ir libremente a servirlo a Él sin miedo y en santidad y rectitud, ya que esa es Su voluntad para ti. Por eso permitió que el faraón y sus soldados perecieran en el mar Rojo.

Dios odia a los destructores del destino. Por este motivo, cuando Herodes quería matar a Jesús siendo bebé, Dios hizo que a Herodes le llegara su funesto fin, para que se cumpliera el destino de Jesús. Dios odia a aquellos que usan su autoridad para perpetrar maldades, injusticias y asesinatos. Por eso Dios acabó con Jezabel. Por eso también Amán, el insufrible perseguidor del pueblo de Dios, acabó en el patíbulo que él mismo había mandado construir para el justo Mardoqueo y otros judíos en Persia. El arma que el rey Saúl pretendía usar para matar a David al final se utilizó para acabar con su propia vida. Abundan muchos otros ejemplos en la Biblia que prueban que Dios sabe cómo luchar por aquellos que confían en Él con las armas que sus enemigos intentan usar contra ellos. Herodes quería muerto a Jesús, pero en lugar de eso, Dios acabó con él. Jezabel derramó la sangre de Nabot y se quedó con su viñedo, así que Dios se aseguró de que la sangre de Jezabel se derramara en el mismo viñedo. «La venganza es mía», dice el Señor.

Sin embargo, por favor, no maldigas a tus enemigos ni les desees el mal; déjaselo a Dios, que sabe cuándo están a rebosar las copas de tus enemigos y peleará por ti. Tu misión es informar a Dios de esos destructores de destino y de los impenitentes enemigos ofensores. Pídele a Dios que te vengue. Explica tu caso. Discute tus motivos y presenta los hechos al Juez recto y justo. Veo a tus acusadores en problemas: las flechas que te disparan a ti regresan para perseguirlos.

La solución de la oración

- Quienquiera que esté cavando hoyos malignos para mí o para cualquier otra persona inocente, que escuche la voz de Dios. Arrepiéntete en este preciso momento o comienza a tambalearte hasta caer en el hoyo que estás cavando. Así lo ordeno, en el nombre de Jesús.
- Padre, frustra todas las armas espirituales diseñadas contra mí y haz que los que me persiguen se inclinen ante mi Dios, en el nombre de Jesús.
- Padre, mantén mis pies alejados de los hoyos y las trampas del enemigo según tu Palabra, en el nombre de Jesús.
- Padre, defiende mi causa y lucha por mí. Líbrame de las fuerzas que atentan contra mi alma, en el nombre de Jesús.
- Padre, Tú eres un Juez recto y justo; juzga a los que me desean muerto, en el nombre de Jesús.
- Padre, según tu Palabra, no hay descanso para los malvados. Contiende, oh Señor, con los poderes espirituales o físicos que contienden contra mí, en el nombre de Jesús.
- Padre, preserva mi destino del destino de los destructores, en el nombre de Jesús.

Sobreponerse al yugo familiar

Desafíos

- Cuando hay un patrón de sucesos malignos en tu familia. Estos son ejemplos:
  - El regocijo siempre es breve; cualquiera que se eleva cae pronto.
  - Es evidente que existe una aflicción común o enfermedad genética.

  o Es visible un rasgo común de fracaso, pobreza o problemas maritales.

  o La familia está en declive generación tras generación.

La solución de la Palabra

Ezequiel 18:2 dice: «Los padres se comieron las uvas agrias, y a los hijos les dio la dentera». Los padres habían hecho mal y sus hijos lo pagaron. Es una situación trágica a la que se enfrentan muchas familias hoy: la generación actual sufre los pecados de idolatría de sus antepasados. Tal vez pienses que esto no te afecta. ¡No tan rápido, amigo! ¿Sabes lo que sucedió antes de que tu madre te diera a luz? ¿Te contó tu madre lo que ella atravesó espiritualmente? ¿Visitó a un curandero, o fue a un bosque o un santuario pagano? ¿Hizo un sacrificio a un ídolo o encargó a alguien que lo hiciera en su nombre?

  ¿Pertenece tu padre a un grupo de ocultismo? ¿Aceptó títulos de jerarquía idólatra? ¿Conoces los ritos que tienen y sus implicaciones y consecuencias? ¿Puedes desentrañar los juramentos, pactos y maldiciones? ¿Cuál era el origen del dinero que usaron tus padres para criarte? ¿Era dinero manchado de sangre, robado o maldito?

  Conozco a un hombre cuyo padre fallecido era un curandero. Este hombre engendró diez hijos, siete de los cuales murieron durante su vida, todos en misteriosas y repentinas circunstancias. Los tres supervivientes viven precariamente. Uno aún no se ha casado y dos están casados, pero sin hijos. No hace falta ser adivino para saber que esta familia está bajo una maldición. Es un problema muy común en muchas partes de África y otras regiones del mundo en vías de desarrollo, donde la adoración de ídolos todavía está muy generalizada. Las escrituras predijeron las consecuencias de la idolatría que están a la vista de todos (Deuteronomio 5:9).

  No hace falta ser un genio para evaluar si tu familia está libre de una esclavitud ancestral y no vive bajo un yugo o una maldición. Una mirada cuidadosa a tu familia podría revelar un patrón que puede decirte todo lo que necesitas saber. Si cada rama o ramita de tu árbol familiar apenas existe o logra subsistir, eso podría indicar un clima espiritual maligno. Si un miembro de tu familia se eleva en relevancia o alguien que asciende un poco cae rápidamente, eso es una indicación de que el propósito de Dios para tu familia está bajo un yugo satánico y hay fuerzas invisibles del mal aprovechándose a tu costa. Si a pesar de toda la virtud, perseverancia y trabajo duro, nadie de tu familia está consiguiendo ningún avance real en la vida, es posible que haya una maldición familiar activa que esté actuando contra todos ustedes. Un yugo tan maligno es mortal de un modo que no debería ignorarse. Las consecuencias terribles y devastadoras persiguen a la mayoría, si no a todos los miembros de la familia, en sus matrimonios, embarazos, salud general y otras facetas de la vida.

En 1999 una mujer vino a mí en busca de oraciones. Llegaba muchos años casada sin concebir un hijo y necesitaba desesperadamente uno. En el transcurso de mi asesoramiento, me reveló que los cuatro hermanos casados de su esposo tampoco tenían hijos. Resultó que su padre, ya fallecido, había sido un activo curandero hasta su muerte. Nuestras oraciones rompieron la atadura demoniaca de maldiciones y pactos ancestrales sobre sus vidas. Por la gracia de Dios y para gloria de nuestro Señor Jesucristo, poco después los nacimientos se convirtieron en un testimonio frecuente de la bondad de Dios en esa familia.

También hay esperanza para ti, aunque la historia de tu familia no esté limpia. Pero primero debes localizar y reclamar de las escrituras tu derecho a tu liberación individual de los pecados de tus antepasados. El diablo los ha convertido en una carga intemporal para acusar y atormentar a toda tu familia. Alguien de esa familia debería leerle al diablo este pasaje de liberación. Así dice el Señor: «Solo el que peque merece la muerte. Ningún hijo pagará por el pecado de su padre» (Ezequiel 18:20). Gracias, Dios, por esta asombrosa revelación. No tienes por qué morir por los pecados de tus padres y de tus antepasados.

Esta es la Palabra de Dios, y su propósito debe cumplirse en las vidas de aquellos que la reciben con fe y alegría de corazón. Recíbela ahora. Confiésala, créela, reza por ella y mantente firme. Sigue rezando hasta que el yugo que oprime a tu familia sea destruido y sean liberados. Se trata, en efecto, de una puerta de escape abierta para ti y los tuyos.

La solución de la oración

- Padre, líbrame de todo yugo familiar, en el nombre de Jesús.
- Que se rompan todas las maldiciones familiares, en el nombre de Jesús.

- Que se anule todo pacto que esté actuando en mi familia, en el nombre de Jesús.

- Que se rompa todo yugo del mal que esté oprimiendo a los miembros de mi familia, en el nombre de Jesús.

- Que termine ahora todo embargo satánico impuesto a mi familia, en el nombre de Jesús.

- Que desde hoy se cancele todo patrón de maldad en mi familia, en el nombre de Jesús.

El poder de los pactos

Desafíos

- Cuando quieres respuestas garantizadas y oportunas a tus oraciones.
- Cuando quieres experimentar la fidelidad de Dios de forma íntima.
- Cuando deseas liberarte de los efectos de los pactos malignos.
- Cuando todos los antecedentes espirituales de tu familia necesitan una limpieza.

La solución de la Palabra

Los pactos, escritos o no, son contratos legales con términos y condiciones acordados, vinculantes y aplicables. Dios es el originador de los pactos; se relacionó a través de ellos con los patriarcas de la antigüedad, empezando con Abraham (Génesis 15:18). En el Antiguo Testamento selló el pacto de nacimiento de la nación con los hijos de Jacob, a quienes renombró Israel. Mucho después renovó ese pacto cuando el Nuevo Testamento dio lugar a la época presente de gracia para toda la humanidad; la ley y las profecías se han cumplido gracias al derramamiento de sangre y la gloriosa resurrección de nuestro Señor Jesucristo (Hebreos 13:20).

Satán conoce el poder de los pactos; los despliega con astucia en su trato con sus cautivos, agentes y asociados. Seduce y compromete a muchas almas inocentes e ignorantes con su agenda de destrucción y sus malvados programas. Una de sus estratagemas más ingeniosas es el uso de pactos de sangre. Satán sabe que la vida de una persona está en su sangre (Levítico 17:11), lo cual, por cierto, es la razón por la que Dios dice que no deberíamos comer nada con sangre. Cualquiera que haga un pacto de sangre, con o sin una clara comprensión de lo que está haciendo, está comprometiéndose a pagar con su propia vida cualquier incumplimiento de ese pacto.

Recuerdo la historia de dos jóvenes que se enamoraron en la universidad e hicieron un pacto de sangre: se cortaron con una cuchilla y lamieron la sangre del otro mientras intercambiaban votos para casarse después de graduarse. Se casaron como se habían jurado, pero, después de diez años sin hijos, se divorciaron. El hombre se volvió a casar, pero tanto él como su exesposa murieron con pocas semanas de diferencia. Los pactos de sangre tienen unas exigencias terribles.

Por otro lado, piensa en la trascendencia de un pacto divino. Un buen ejemplo es el pacto que hicieron Jonatán y el joven David para protegerse el uno al otro del mal (1 Samuel 18:3). Eso salvó la vida de David y preparó su camino hacia el trono. Recuerda también la historia de Ana: pactó ceder a su hijo varón al servicio del templo si Dios se lo concedía, para acabar con los reproches por su infertilidad. Así fue como Samuel se convirtió en profeta desde su nacimiento. Recuerda también que el pacto de Dios con la humanidad, sellado con la sangre del Cordero de Dios, ha salvado tu alma.

En una iglesia en la que yo era pastor en el año 2000, una joven dio un conmovedor testimonio del pacto que había hecho con Dios en sus años de adolescencia. Todos los domingos sembraba una semilla especial, confiando en que Dios le daría un buen esposo al alcanzar cierta edad y se trasladaría a vivir al extranjero con él y formarían una familia. A la edad del pacto, estaba casada. Ya estaba embarazada cuando su esposo consiguió un visado para el país con el que siempre habían soñado para criar a sus hijos. Nada es demasiado insignificante para que hagas un pacto por ello. Por supuesto, Dios cumple los pactos (Salmos 89:34).

Debes formular ciertas preguntas para localizar tu dirección espiritual con certeza. ¿Hiciste de alguna forma un pacto con el diablo o sus agentes? ¿Te comprometieron de algún modo con un ídolo siendo muy niño o en cualquier otra etapa? ¿Están tus padres relacionados de algún modo con un santuario de idolatría? ¿Se implicó alguien en cualquier momento en algún rito en tu nombre, ya fuera directamente o por medio de algún representante? ¿Hay un patrón de maldad discernible en tu árbol familiar que sugiera un pacto con el mal no roto en tu genealogía? Ese rastro puede ser el origen de tus penurias actuales. Necesitarás romper su poder formando un pacto superior: uno sellado por la sangre de Jesús. Si deseas algo desesperadamente, aprende de Ana: haz un pacto con Dios.

La solución de la oración

- Que se rompa ahora todo pacto maligno heredado de mis padres, en el nombre de Jesús.
- Por la sangre de Jesús, renuncio y rechazo toda promesa que cualquiera haya hecho a algún ídolo alguna vez en mi nombre. En el nombre de Jesús, estoy libre de toda dedicación al mal hecha por mis padres o cualquier otra persona que concierna a mi alma, mi espíritu o mi cuerpo.
- Rompo y renuncio a todo pacto que haya acordado a sabiendas o sin saberlo con el diablo o cualquiera de sus agentes, en el nombre de Jesús.
- Padre, guíame para aprovechar el poder del pacto verdadero contigo, en el nombre de Jesús.
- Padre, por el pacto firmado con la sangre de Jesús, haz que la bondad y la misericordia me sigan a donde quiera que vaya, en el nombre de Jesús.
- Padre, concédeme la gracia para cumplir mis obligaciones en todos los pactos que haga contigo, en el nombre de Jesús.
- Padre, soy el hijo de tu pacto, libera en mí todos los días las bendiciones del pacto, en el nombre de Jesús.

Fuego del Espíritu Santo

Desafíos

- Cuando necesitas la guía divina.
- Cuando quieras hacer huir a las fuerzas del mal.
- Cuando quieres que la oscuridad espiritual desaparezca.

- Cuando quieres que tu entorno espiritual resulte incómodo para las fuerzas demoniacas.
- Cuando quieres acelerar la intervención divina contra las acciones del enemigo.

La solución de la Palabra

El fuego tiene una asombrosa capacidad para producir luz y calor que pueden transformar cualquier sustancia. Los fuegos de leña desprenden una llama roja, los fuegos de gas dan una llama azul más caliente y los fuegos causados por cera y otros materiales combustibles desprenden una llama amarilla. El fuego que usan los soldadores desprende una intensa llama blanca. Pero ni siquiera el fuego del más alto grado puede igualar al fuego de Dios en intensidad, poder y luminosidad. Este fuego proviene de Dios cuando quiere manifestar Su presencia.

La columna de fuego que guiaba a los hijos de Israel en su huida de Egipto hacia la Tierra Prometida (Éxodo 13:21) era un poderoso símbolo de la superioridad de Dios sobre todos los elementos y situaciones. La presencia de Dios en forma de fuego proporcionó luz y calor a los hijos de Israel durante las noches oscuras y frías. También ahuyentó a los animales salvajes y a los enemigos, y los privó de la oscuridad que necesitaban para preparar una emboscada contra los hijos de Dios.

Los beneficios eran tan evidentes y vitales que, cuando la columna se quedaba en un lugar, la nación errante detenía su viaje. De la misma forma que el fuego natural quema el papel, los enemigos que osaban acercarse al campamento de Israel eran consumidos por el fuego de la presencia protectora de Dios.

¿Hay algún agente demoníaco atormentándote? Ordena que el fuego de Dios caiga sobre ellos. Este fuego puede consumir los espíritus malignos, a diferencia de los fuegos naturales, que solo pueden quemar materiales terrenales. ¿No es por eso por lo que Dios reservó el fuego como el castigo definitivo para Satán y sus demonios? Incluso ahora, el maligno y sus compañeros del mal no pueden soportar el fuego. En cualquier momento que sientas un escalofrío que sugiera una atmósfera maligna, llama al Espíritu Santo para que traiga el fuego de Su sagrada presencia. El calor instantáneo que te inundará hará que huyan los demonios que te acechan. El fuego sobrenatural de Dios derrota a las fuerzas malignas cuando lo solicitan Sus santos.

Nuestro Señor y Salvador Jesucristo dejó claro que nos daba poder sobre las serpientes y escorpiones, y todo el poder sobre el enemigo (Lucas 10:19). El Fuego del Espíritu Santo es una de las armas más eficaces para ejercer ese poder. Pero solo un confiado hijo de Dios que camine en la gracia de la salvación y santidad puede invocar esa arma. «Un abismo llama a otro abismo» (Salmos 42:7).

La solución de la oración

- Fuego del Espíritu Santo, brilla en mí en el nombre de Jesús.
- Fuego del Espíritu Santo, confunde a mis atacantes, en el nombre de Jesús.
- Padre, arrópame con el fuego del Espíritu Santo, en el nombre de Jesús.
- Jesús, eres la piedra angular de mi vida; que Tu presencia sea un pilar de fuego permanente en mi familia y que todos los ojos vean Tu gloria en nosotros.
- Que se consuman por el fuego de Dios todas las serpientes y escorpiones que me están causando daño a mí o a los míos, en el nombre de Jesús.
- Padre, protege a mi familia con el fuego de tu presencia hoy y siempre, en el nombre de Jesús.

Capítulo 2

Cápsulas de éxito

El poder de las bendiciones

Desafíos

- Cuando todo tu trabajo duro consigue tan poco.
- Cuando pareces atrapado en un círculo vicioso de fracaso.
- Cuando eres incapaz de sobresalir como hacen otros, a pesar de poner mucho más esfuerzo en ello.

La solución de la Palabra

Ser bendecido significa florecer, tener éxito de una manera notable o excepcional. También implica ser favorecido divinamente, aumentar y multiplicar, estar por encima en lugar de por debajo.

La bendición de Dios confiere derecho a la celebración, no a ritos de aflicción y luto. Los enemigos de aquellos que están bendecidos no pueden derrotarlos por mucho que lo intenten. Aquellos que están bendecidos reciben el éxito divino y sobresalen en cualquier cosa que hagan.

El éxito no procede únicamente del trabajo duro; también es necesaria la bendición de Dios. Su bendición es como la lluvia tan necesaria para que los agricultores obtengan una cosecha abundante. Cuando Dios bendice tu trabajo duro, tu éxito está asegurado.

Dios bendecirá el trabajo de tus manos (Deuteronomio 28:12). Las generaciones siguientes a los bendecidos también aumentarán y prosperarán. La bendición de Dios a Isaac refleja ese patrón. Su hijo Jacob se vio muy favorecido cuando Dios ordenó su prosperidad y declaró malditos a los que lo maldijeron y benditos a los que lo bendijeron (Génesis 27:28-29). Aquellos que están bendecidos son como embajadores en países extranjeros, con privilegios e inmunidad diplomática.

Cuando empecé a trabajar en un banco hace algunos años como subdirector general, se esperaba que mi designación para el cargo fuera confirmada a los seis meses, al igual que la de un colega que había comenzado a trabajar al mismo tiempo. Exactamente un año después, lo ascendieron al puesto de director general, pero yo me convertí en director ejecutivo, una promoción doble.

Amigo, Dios puede ayudarte a saltarte la cola sin quebrantar la ley; ese es el poder de Su bendición. Jacob bendijo a Efraín y Manasés, los dos hijos de José, su hijo favorito. Ambos nietos se convirtieron en sus hijos adoptivos (Génesis 48:5) y de este modo llegaron a ser los patriarcas de Israel que heredaron las bendiciones eternas de su abuelo.

No hay nada que un hombre bendecido no pueda alcanzar, así que deja de luchar para conseguir el éxito sin buscar primero la bendición de Dios, que compensará lo que no puedes alcanzar solamente con tu esfuerzo. Rezo para que Dios te bendiga a ti y al trabajo de tus manos. Clama ahora para conseguir la bendición de Dios; pídele que te bendiga. Esaú lloró cuando no fue a la bendición de su padre, Isaac. Jacob clamó al ángel del Señor y se negó a dejarlo ir, a menos que lo bendijera. No duermas esta noche hasta que hayas clamado a Dios para que te conceda Su bendición.

La solución de la oración

- Padre, necesito tu bendición en todas las facetas de mi vida.
- Padre, bendice el trabajo de mis manos, en el nombre de Jesús.
- Padre, bendice a mi descendencia en nombre de Jesús.
- Cada maldición que me caiga encima, Padre, rómpela en el nombre de Jesús.
- Padre, haz que todo el que tenga intención de maldecirme acabe bendiciéndome, en el nombre de Jesús.

- Padre, derrama tus abundantes bendiciones sobre mi familia, en el nombre de Jesús.
- Padre, así como me bendices, revoca toda la maldad de mi vida, en el nombre de Jesús.

Mantener el éxito

Desafíos

- Cuando la senda de tu carrera profesional está arruinada por los altibajos.
- Cuando pierdes tu fuente de ingresos después de un cierto progreso inicial.
- Cuando parece inminente o inevitable la pérdida del empleo, el negocio o la riqueza.

La solución de la Palabra

La historia está repleta las vidas de líderes de gran éxito que murieron fracasados. Hoy, en todas las ciudades del mundo, las calles están llenas de hombres desgraciados que una vez fueron ricos. ¿Es posible que un hombre de éxito conserve ese éxito hasta el fin de su vida? La respuesta es sí, por supuesto. El secreto del éxito prolongado reside en un estudio cuidadoso de aquellos que conservaron el éxito hasta el final. También en el estudio de aquellos que fracasaron a medio camino, para descubrir y evitar sus errores.

Nabucodonosor fue un ejemplo de fracaso estrepitoso y de la caída en la cima del éxito. Era un rey aclamado en el mundo entero que se volvió tan orgulloso que provocó la ira de Dios. Era un monarca que buscaba la gloria y fue transformado en un animal miserable en la cúspide de su gloria: durante siete años, caminó a cuatro patas y comió hierba (Daniel 5:33). Compara esta caída real con David, el rey de Israel. El éxito de este último perduró hasta sus últimos días e incluso continuó en mayor medida en su hijo y sucesor elegido, Salomón. Esto no significa que David fuera perfecto, ya que cometió graves errores humanos, pero era rápido en su arrepentimiento, en confesar sus pecados a Dios y en buscar Su perdón

(Salmos 51:1-19). La mayor virtud de David era su humildad ante su Dios. Nunca olvidó sus orígenes humildes y nunca dejó de honrar a Dios como su fuerza y sostén. Incuso cuando ya era rey, bailó generosamente para Dios (2 Samuel 6:14). Dios lo eligió y lo llamó hombre de Su corazón. No es de extrañar que Jesús provenga del tronco de David.

Cualquier río que se desconecte de su fuente se secará. Todo hombre sabio que desee tener éxito debe permanecer conectado a su fuente de éxito.

El orgullo nos desconecta de la fuente de toda vida: Dios, que se opone a las personas soberbias y orgullosas (Santiago 4:6). Depende de nosotros permanecer conectados a la fuente de vida, ser una rama conectada a la vid de Dios (Juan 15:5).

Amigo mío, no olvides nunca de dónde partiste. No te desconectes nunca de tu fuente de vida y éxito. No repitas ni amplíes las páginas malas de la historia. Mira a tu alrededor y verás como caen a diario los orgullosos y poderosos. No te conviertas en objeto de burla. Deja que tu éxito se ancle en Dios y sea sostenible en el tiempo. Deja una herencia divina para tus hijos y los hijos de tus hijos.

Rezo para que tu éxito quede registrado en buenos libros. Rezo para que seas celebrado incluso después de que te hayas ido al Cielo. Confío en que elegirás sabiamente y te dispondrás hoy a hacer lo necesario para mantener tu éxito hasta el final.

La solución de la oración

- Padre, refréname de mostrar cualquier rasgo o actitud en mí que pudiera truncar mi éxito, en el nombre de Jesús.
- Padre, no me permitas caer en las trampas del enemigo, te lo ruego en el nombre de Jesús.
- Padre, concédeme la gracia de la humildad que necesito para alcanzar mi destino, en el nombre de Jesús.
- Rechazo el espíritu de orgullo al límite del éxito definitivo, en el nombre de Jesús.
- Padre, mantén mi éxito hasta el final, en el nombre de Jesús.

- Padre, no me dejes caer nunca en el orgullo y la arrogancia. Mantenme humilde y prudente por muy alto que me promuevas en la vida, en el nombre de Jesús.
- Padre, no permitas que me desconecte nunca de ti, en el nombre de Jesús.

El poder de marcar la diferencia

Desafíos

- Cuando quieres verte favorecido en una competencia muy ajustada.
- Cuando quieres ser muy buscado por los demás.
- Cuando quieres hacer historia.
- Cuando quieres ser jugador en lugar de espectador en el estadio de la vida.
- Cuando quieres ingresar en el salón de la fama de la vida.
- Cuando estás cansado de ser mediocre.
- Cuando quieres distinguirte de verdad.
- Cuando deseas ser celebrado.
- Cuando quieres tocar la vida de otros.

La solución de la Palabra

Muchas personas se preguntan por qué fracasan a la hora de sobresalir en sus proyectos y se asombran de seguir siendo mediocres. Algunos cristianos incluso piensan que estaban destinados a ser personas insignificantes. Algunos creen que la grandeza está determinada de antemano por Dios para aquellos predestinados para la grandeza.

La verdad es que Dios es un juez justo. No les profesa un respeto especial a determinadas personas. Todo el que haga Su voluntad es aceptable para Él. Si el origen de una persona determinara irreversiblemente su futuro, entonces Jabés no habría tenido éxito (1 Crónicas 4:9-10). Nuestros destinos no paran de cambiar, dependiendo de nuestro nivel de conocimiento de la Palabra de Dios y nuestra obediencia a Dios. Dios puede dar marcha atrás sobre nuestros destinos; hizo exactamente eso con la familia de Elí (1 Samuel 2:27–35).

Lo que vayas a ser en la vida depende de las elecciones que hagas hoy. Dios ha puesto delante de ti el bien y el mal. Él te aconseja que elijas el bien para que vivas (Deuteronomio 30:15-16).

¿Qué ves? ¿Cuál es el pensamiento más dominante en tu corazón? ¿Qué te ves logrando en la vida? ¿Ves lo que otros no ven? Si eliges ser diferente, marcarás la diferencia. Tu capacidad para pensar y actuar de forma diferente te hará pensar y actuar de forma distinta y obtener resultados diferentes de los que obtienen otros, y destacarás. ¿Quieres ocultarte entre la multitud o deseas estar en el centro del escenario?

Un estadio de fútbol puede contener cien mil personas, pero solo veintidós juegan el partido. ¿Quieres ser un jugador que recibe aplausos o un espectador que nadie sabe que está allí? Si quieres marcar una diferencia, debes atreverte a pensar y actuar de forma diferente. Esfuérzate mucho con tu visión. Te convertirás en alguien diferente a la norma.

Jesús actuó de forma diferente. Murió por otros. Hizo cosas insólitas. Era diferente. Marcó la diferencia.

Te veo marcando una diferencia.

La solución de la oración

- Padre, enséñame a conocerte y amarte, en el nombre de Jesús.
- Padre, ayúdame a caminar en obediencia todos los días de mi vida, en el nombre de Jesús.
- Padre, ayúdame a marcar una diferencia en mi generación, en nombre de Jesús.
- Padre, haz que sobresalga dondequiera que vaya, en el nombre de Jesús.
- Me niego a ser espectador en el estadio de la vida; elijo ser jugador, en el nombre de Jesús.
- Padre, permíteme destacar entre la multitud, en el nombre de Jesús.
- Padre, haz que sea el primero entre mis iguales por la sabiduría del servicio sincero a los demás, en el nombre de Jesús.

Gracia inmensa

Desafíos

- Cuando necesitas ayuda divina en tu carrera profesional o tu negocio.
- Cuando te marcas el objetivo de alcanzar el éxito contra todo pronóstico.
- Cuando todas las esperanzas están perdidas, pero aún confías en Dios para superarlo.

La solución de la Palabra

En Hechos 4:33, aprendemos que los apóstoles dieron testimonio de Jesús con gran energía y que Su inmensa gracia estaba con ellos.

Hay una relación evidente entre la manifestación del poder de Dios y las acciones de Su gracia en Sus hijos. Cuanto mayor sea la gracia de Dios en ti, mayor es la manifestación del poder de Dios a través de ti. Los dones del Espíritu Santo son otorgados por la gracia divina (Efesios 4:7).

La Biblia muestra a Jesús niño creciendo fuerte en espíritu con la gracia de Dios en ÉL a medida que entraba en la adolescencia (Lucas 2:40). Pablo dijo que él era quien era por la gracia de Dios (1 Corintios 15:10). Las escrituras nos ordenan ser fuertes en la gracia (2 Timoteo 2:1) y nos recomiendan que crezcamos en gracia (2 Pedro 3:18).

La verdad es que, para llenarnos de su poder, antes debemos estar limpios. Pero la rectitud humana es como una alfombra sucia, así que somos justificados únicamente por la gracia (Romanos 3:24), una virtud a la que solo podemos acceder a través de la fe (Romanos 5:2).

Amigo mío, ¿quieres sobresalir? ¿Quieres manifestar el poder y la gloria de Dios en tu vida diaria? Necesitas la gracia de Dios, eso es lo que se necesita para hacer grandes cosas. El Señor está hablando con gracia inmensa en este momento, y está a tu disposición. Sumérgete en ella por la fe. Anhélala, reza por ella, deséala. Te veo caminando en gracia inmensa de ahora en adelante, una gracia que liberará el favor divino y te permitirá disfrutar las infinitas bendiciones de los cielos abiertos.

La solución de la oración

- Padre, no permitas nunca que Tu gracia se agote en mí, en el nombre de Jesús.
- Padre, concédeme la gracia de dar Tu testimonio todos los días, en el nombre de Jesús.
- Padre, permíteme experimentar la gracia inmensa de Cristo a dondequiera que vaya, en el nombre de Jesús.
- Padre, ayúdame a crecer en la gracia todos los días de mi vida, en el nombre de Jesús.
- Padre, ayúdame a ser fuerte en la gracia, en el nombre de Jesús.
- Padre, que tu gracia allane el camino a mis necesidades y deseos, en el nombre de Jesús.

Desempeño de las profecías

Desafíos

- Cuando hay una manifestación retrasada de favores profetizados y esperados.
- Cuando anhelas ver el cumplimiento de la profecía.

La solución de la Palabra

A menudo se da un desfase temporal entre una profecía y su manifestación. Si Dios dice que hará algo, lo hará, pero solo en el momento señalado por Él, que podría no ser inmediatamente. Podría retrasar el cumplimiento de una profecía por muchas razones; podría estar enseñando al creyente las virtudes de la confianza plena y de la paciencia constante, o tal vez las circunstancias para profetizar el acontecimiento están evolucionando.

Una de las tareas más desafiantes para la mayoría de los seres humanos es esperar, pero para aquellos que caminan con Dios, esperar es imprescindible. Él promete recompensar con fortaleza y renovación a aquellos que esperan confiados en Él (Isaías 40:31). La buena noticia sobre la promesa de Dios es que sucederá con toda certeza. Esperar su cumplimiento es, por lo tanto, un acto y una prueba de fe. El desafío es que, en la mayoría de los casos, es posible que no conozcamos la hora señalada.

¿Qué te ha prometido Dios que aún debe manifestarse? Tanto si te llega en un sueño, como en una visión o una revelación profética, la promesa de Dios no puede fallar, por mucho tiempo que tarde. La Biblia lo deja claro al hablar del vientre elegido para el nacimiento virginal que redimiría a toda la humanidad: «¡Dichosa tú, que has creído, porque se cumplirá lo que el Señor te ha anunciado!» (Lucas 1:45).

Dios no es un hombre que pueda mentir. Él hace que ocurra cualquier cosa que promete. Pablo les dijo a los creyentes romanos que Dios cumpliría cualquier cosa que prometiera. (Romanos 4:21). A través de Jeremías, Dios dijo que cumpliría lo que había prometido (Jeremías 33:14).

¿Deseas una manifestación rápida de las promesas que Dios te ha hecho? Recuérdaselo a Dios, porque cada profecía es un tema de oración. En palabras de Pablo a Timoteo: «presenta una buena batalla» con las profecías que se te dieron a lo largo de tu vida (1 Timoteo 1:18).

Pide más gracia para esperar la hora señalada. No te limites a cruzarte de brazos; según la Biblia, la visión es para una hora señalada, así que debemos escribirla para leerla de corrido (Habacuc 2:2-3).

Veo una manifestación acelerada de las promesas divinas en tu favor.

La solución de la oración

- Que termine ahora todo retraso del cumplimiento de las profecías que me han sido dadas por Dios, en el nombre de Jesús.
- Padre, confunde a todas las fuerzas contrarias a la manifestación de las profecías de Dios en mi vida, en el nombre de Jesús.
- Padre, revela y permíteme hacer mi parte de cualquier obligación para la manifestación oportuna de tus promesas hacia mí, en el nombre de Jesús.
- Padre, concédeme la bendita paciencia de esperar a tu tiempo divino en lo relativo a la manifestación de las profecías, en el nombre de Jesús.

- Padre, enséñame todas las lecciones que necesito aprender para que se cumplan tus profecías en mi vida, en el nombre de Jesús.
- Padre, por tu gracia, acorta la espera para la manifestación de mis milagros, en el nombre de Jesús.

Superación por el Espíritu

Desafíos

- Cuando la carne manda sobre tus pensamientos y hábitos.
- Cuando tu lujuria de la carne parece insuperable.
- Cuando tu deseo más ardiente es vivir una vida victoriosa en santidad.

La solución de la Palabra

Eres un ser humano. Vives en la carne, pero también eres alma y espíritu. Tu carne desea alimento, agua, honor, posición, riqueza y más. Lamentablemente, los deseos de tu carne son a menudo contrarios a lo que el Espíritu de Dios anhela en ti. Dios, el Espíritu Santo, vive en tu espíritu cuando renaces de nuevo. Y, al igual que tu cuerpo necesita alimento, tu espíritu debería ser alimentado con la Palabra de Dios, la oración, la comunión y la fraternidad con tus hermanos, para que crezcas como hijo de Dios.

Los deseos de la carne y los del espíritu van en direcciones opuestas según la Biblia: la carne está en guerra con el espíritu. En Gálatas 5:17 se puede leer: «Porque el deseo de la carne se opone al Espíritu, y el del Espíritu se opone a la carne; y éstos se oponen entre sí para que ustedes no hagan lo que quisieran hacer».

Sin el espíritu que mora en tu interior no puedes agradar a Dios o hacer lo que Él desea que hagas (Filipenses 2:13). Porque Dios es un Espíritu y no puedes adorarlo excepto en espíritu y verdad (Juan 4:24). La Biblia nos exhorta a controlar la carne mortificando las obras de la carne (Romanos 8:13) y Pablo nos mostró un valioso ejemplo personal (1 Corintios 9:27). Como Dios es Espíritu, no hay éxito divino para nadie fuera de una vida vivida en el Espíritu.

Deja de esforzarte en conseguir el éxito en la carne. Pide en su lugar el bautismo del Espíritu Santo. Jesús ordenó a sus apóstoles que se quedaran en Jerusalén hasta que recibieran el Espíritu Santo (Lucas 24:49).

Vive en el Espíritu. Alimenta tu espíritu con la oración, el estudio de la Biblia, las alabanzas y la adoración a Dios. Dedica tiempo regularmente a confraternizar con tus hermanos y vive en completa e incondicional obediencia a la Palabra de Dios. Ayuna ocasionalmente (niégale a tu cuerpo alimento y bebida) en consciente aceptación de que no vivimos solo de pan. Así crucificas tu carne, te liberas de los deseos de la carne y adquieres autodisciplina, algo que nunca ofende a Dios. De este modo, pelearás, trabajarás y vivirás en el Espíritu, y abundarás en testimonios.

La solución de la oración

- Padre, ayúdame a desear regularmente alimento para mi espíritu, en el nombre de Jesús.
- Padre, ayúdame a superar la lujuria pecaminosa de la carne, en el nombre de Jesús.
- Padre, que Tu Espíritu me guíe y me dirija, y que nunca me guíe la carne, en el nombre de Jesús.
- Espíritu Santo, ayúdame a crucificar mi carne a diario, en el nombre de Jesús.
- Padre, ayúdame a caminar siempre en obediencia a Tu Espíritu, en el nombre de Jesús.
- Padre, ayúdame a mantener mi cuerpo sometido a tu Espíritu en mí, en el nombre de Jesús.
- Padre, dame lo que haga falta para vivir en el Espíritu, en el nombre de Jesús.

Valor para realizar proezas

Desafíos

- Cuando te enfrentas a una fuerte oposición y necesitas la gracia divina para vencerla.

- Cuando te enfrentas a una montaña de problemas que bloquean tus aspiraciones.
- Cuando te atormenta una abrumadora sensación de miedo o ineptitud en tu búsqueda del éxito.

La solución de la Palabra

Las personas pusilánimes no pueden alcanzar la cima. Los grandes hombres y mujeres siempre son valerosos, y nadie que tenga miedo de hacer frente a la oposición puede hacer historia. Las grandes personas están deseando superar obstáculos y desafíos en su recorrido hacia la cima porque saben que, cuando superan sus desafíos, a continuación viene la promoción.

Un amigo multimillonario me contó que descubre que se emociona con cada problema nuevo que tiene en sus negocios. Esto es porque, casi siempre, cada dificultad percibida es el último impedimento para lograr un éxito asombroso. También cree firmemente que no hay obstáculo que sea insuperable.

El David bíblico era un muchacho valiente. Mientras sus compatriotas se acobardaban temerosamente ante Goliat, David corrió a desafiarlo a un combate mortal (1 Samuel 17:48). Sadrac, Mesac y Abednego eran tres jóvenes destacados de Judá quienes, al igual que Daniel, se distinguieron durante su cautiverio en Babilonia. Eran audaces y no ahorraron palabras para rechazar los avances idólatras del rey Nabucodonosor (Daniel 3:16). Dios recompensó su valor ejemplar con proezas sin igual que se convirtieron en testimonio para todas las generaciones venideras.

Moisés fue criado como si fuera un príncipe egipcio en el palacio del faraón. Pero después de años de autoexilio nacido del temor por su propia vida, regresó con una exigencia escandalosamente valiente para el faraón (Éxodo 5:1); su audaz y persistente petición, «Deja ir a mi pueblo», fue la llave que abrió la puerta a los históricos acontecimientos y hazañas que le granjearon un lugar inmortal en la historia del pueblo de Dios. En años posteriores, Dios ordenó a Josué, su sucesor, que fuera valiente si quería tener éxito como Moisés (Josué 1:6).

No temas los desafíos. Anhela tus batallas. Sé valiente y santo. Dios te apoyará y serás promocionado hasta alcanzar la cima.

La solución de la oración

- Padre, aleja la duda y el miedo de mi vida, en el nombre de Jesús.
- Padre, hazme tan fuerte y audaz como un león, en el nombre de Jesús.
- Padre, fortaléceme y equípame con valor para afrontar todos los obstáculos que se presenten en mi camino, en el nombre de Jesús.
- Declaro hoy que recibo el espíritu del valor y la confianza en el nombre de Jesús.
- Padre, ayúdame a realizar quien soy en ti, en el nombre de Jesús.
- Supero cualquier miedo que haya en mí hoy en el nombre de Jesús.
- Porque a través de Cristo soy más que un conquistador, ya no temo a ninguna oposición en el nombre de Jesús.

El poder del consejo divino

Desafíos

- Cuando estás cansado de consejos inútiles o engañosos.
- Cuando deseas consejo superior sobre cuestiones de la vida.
- Cuando no puedes discernir qué consejo te garantiza buenos resultados.

La solución de la Palabra

Nadie tiene éxito en la vida sin buenos consejeros porque nadie lo sabe todo, ni siquiera los llamados profesionales y expertos quienes, en el mejor de los casos, están especializados únicamente en sus estrechas disciplinas. Todos necesitamos a otros para mejorar. El mejor médico podría necesitar un abogado inteligente, ese abogado podría necesitar un buen asesor financiero, y así sucesivamente.

Nuestra capacidad para lograr algo depende de la calidad de consejo que recibimos. Y el fracaso se puede rastrear hasta el consejo equivocado o el asesor equivocado, aunque recibiéramos dicho consejo de alguien que nos lo dio con toda su buena voluntad. Puede haber surgido de la más absoluta incompetencia, pero, aunque tuviera la mejor de las intenciones, el resultado es el mismo: una calamidad.

Un buen consejo es tan esencial como unos buenos cimientos en una casa. Unos cimientos defectuosos amenazan toda la casa. Lo mismo sucede con nuestras vidas. Absalón, el hijo favorito del rey David, fracasó en su intento prematuro de hacerse con el trono de su padre. Su golpe fue un éxito inicial, pero al final murió antes de su hora porque había escuchado el consejo equivocado de Ajitofel (2 Samuel 17:7). Su sobrino Roboán pagó un precio alto por escuchar el consejo imprudente de sus compañeros jóvenes en lugar del consejo sensato de sus mayores; su incipiente régimen sufrió la ruptura irreversible de Israel en dos reinos (1 Reyes 12:8).

Necesitas un consejero que no pueda inducirte a error. Necesitas un consejero que no pueda ser comprado por tus enemigos. Necesitas un consejero con conocimientos y del que nada se pueda ocultar. Su nombre es Jesús. La Biblia le llama el consejero admirable (Isaías 9:6).

No tomes nunca una decisión importante sin consultar a Jesús, el consejero admirable. Si lo llamas. Él responderá y te mostrará secretos asombrosos (Jeremías 33:3). No cometerás errores si confías en el consejo divino.

Que nuestro Dios te responda hoy.

La solución de la oración

- Padre, ayúdame a alejarme completamente de todo consejo maligno que haya seguido alguna vez, en el nombre de Jesús.
- ¿Hay consejeros malignos en mi vida? Padre, exponlos y sepárame de ellos, en el nombre de Jesús.
- Padre, concédeme la gracia de discernir el buen consejo del malo, en el nombre de Jesús.
- Padre, haz de mí un consejero divino en todas las situaciones, en el nombre de Jesús.
- Señor Jesús, Tú eres el consejero admirable. Haz que esté atento a tu consejo amoroso para que pueda agradarte en todas las cosas.
- Padre, decido hoy que nunca más tomaré una decisión importante sin obtener antes tu consejo, en el nombre de Jesús.
- Padre, haz que reciba todos los consejos que necesito para alcanzar mi destino, en el nombre de Jesús.

El poder de la amistad

Desafíos

- Cuando estás envuelto en las amistades equivocadas.
- Cuando deseas buenos asociados y amigos que agreguen valor a tu vida.
- Cuando estás cansado de trabajar solo y deseas relaciones piadosas.

La solución de la Palabra

Alcanzar tu destino depende en parte de quiénes son tus amigos y asociados. La amistad es una poderosa influencia para bien y para mal. Los asociados contribuyen profundamente a tu forma de pensar, tu conducta y tus acciones. Es posible que no te des cuenta, pero de muchas formas distintas, eres el producto de tus amistades. Los amigos piadosos te ayudan con consejo divino, al igual que los amigos impíos podrían hacerte daño con su consejo demoníaco. En las palabras de nuestro Señor Jesucristo, un buen árbol produce buenos frutos y, al contrario, un árbol corrupto solo da frutos corruptos.

Mayor incluso que el efecto de las palabras habladas es el poder del temperamento. La conducta de nuestros amigos más cercanos influye tanto en nuestra conducta que a menudo acabamos haciendo exactamente lo que ellos hacen. Todos los seres humanos somos imitadores, para bien y para mal.

Piensa en la historia bíblica de David. El instrumento humano que usó Dios para ponerlo en el trono de Israel fue Jonatán, el heredero aparente a dicho trono. Jonatán era el primogénito de Saúl, el rey reinante, y portaba el cinturón real al que tenía derecho como príncipe heredero. Pero se lo dio simbólicamente a su amigo del alma David, con el deseo de que él ocupara el trono en su lugar. Poniendo en riesgo su propia vida, proporcionó a David información altamente clasificada que lo ayudó a salvar la vida. Jonatán era un verdadero amigo; el lamento de David ante su muerte lo dice todo.

Piensa también en la historia del rey Roboán, que siguió el consejo que dividió a Israel (2 Crónicas 10:11-14). En Proverbios 13:20 (RVC), podemos leer: «Quien se junta con sabios, sabio se vuelve; quien se junta con necios, acaba mal». Igualmente sucintas son las bendiciones contenidas en Salmos 1:1-3 con respecto a negarse a aceptar consejos impíos y coquetear con los pecadores y los desdeñosos y, por lo tanto, no terminar como «paja arrastrada por el viento». (Salmos 1:4).

Una mujer casada tenía una muy buena amiga que era soltera. Compartía con ella todos sus pensamientos y problemas, especialmente sus frecuentes discusiones con su esposo. Su confidente opinaba que estaba tolerando demasiado desprecio de su esposo y estaba dejando que su esposo diera por sentado con demasiada frecuencia que ella estaría siempre allí. La amiga le dijo que abandonara la casa y dejara que su esposo la extrañara durante algún tiempo; le aseguró que su esposo iría a ella suplicándole que regresara y ella podría imponer nuevas condiciones al matrimonio. La ingenua mujer se fue de su casa, y su mejor amiga se mudó esa misma noche y se convirtió en la segunda esposa de su esposo.

¿Quiénes son tus mejores amigos? ¿Con quiénes sales? ¿Con quién hablas por WhatsApp? ¿A quién sigues en Twitter e Instagram? ¿Quiénes son tus amigos en Facebook? ¿Con quién intercambias correos electrónicos y mensajes? ¿A quién visitas? ¿A quién llamas frecuentemente? Echa un vistazo a tu registro de llamadas para descubrirlo. Muy probablemente son tus amigos; tienen mucha influencia sobre ti, consciente e inconscientemente, y pueden añadirte o restarte valor. Tus amigos afectan a tu destino, para bien o para mal.

Amigo mío, ¡hay tanto en juego con las amistades que hacemos, mantenemos o perdemos! La sabiduría hará que rechacemos las relaciones que minan nuestro destino en Cristo. Solo deberían mantenerse las amistades que impulsan nuestra hospitalidad. Todo se reduce a las elecciones y a la gracia para discernir, y todos debemos rezar para conseguir esa gracia.

En la primavera del año 2000, me encontraba esperando mi equipaje en el aeropuerto de Lagos; acababa de llegar de un viaje a Nueva York. Entablé conversación con un hombre y acabamos intercambiando tarjetas de visita. No sabíamos que Dios acababa de unir dos corazones en una amistad que perduraría toda la vida y que demostraría ser una gran bendición.

Se trataba de un pastor cristiano e ingeniero. Acababa de jubilarse de una compañía de petróleo y gas puntera, y estaba a punto de cambiar su antigua casa por una nueva. Al saber que yo estaba buscando alojamiento, me ofreció inmediatamente el uso de su antigua casa. Fue más allá: se ofreció a arreglarlo todo para que pudiera comprarme una casa nueva cerca de su nueva propiedad. Llevamos más de diecinueve años siendo amigos. Aún es mi vecino, amigo, mentor y pastor. Reza para que Dios te envíe amigos piadosos como este.

Aleja a los malos amigos de tu vida; borra sus números de teléfono y direcciones de correo electrónico, y reemplázalos con amigos piadosos. A partir de ese momento, las cosas cambiarán rápidamente a tu favor.

La solución de la oración

- Padre, desconéctame de los amigos y asociados malignos, en el nombre de Jesús.
- Padre, sepárame de cualquier amistad que provoque un déficit espiritual, en el nombre de Jesús.
- Padre, expón ante mi vista todo mal, vicio, maldad, insensatez y fraude que esté engañosamente envuelto en amistad, en el nombre de Jesús.
- Padre, concédeme la gracia de discernir y evitar las malas amistades, en el nombre de Jesús.
- Padre, bendíceme como a Jonatán, un verdadero amigo y hermano en una sola persona, en el nombre de Jesús.
- Padre concédeme el valor para alejarme de las amistades que no me son beneficiosas, en el nombre de Jesús.

El poder de los votos

Desafíos

- Cuando deseas respuestas garantizadas a tus oraciones.
- Cuando deseas experimentar la lealtad de Dios como guardián del pacto.
- Cuando has rezado y ayunado, y sin embargo tus problemas siguen sin resolverse.

La solución de la Palabra

Un voto es un juramento, una promesa de hacer algo, un compromiso solemne y vinculante. Por ejemplo, cuando se casan, las personas se hacen votos el uno al otro de amarse y vivir juntos hasta que la muerte los separe. Los dirigentes gubernamentales hacen un voto cuando juran sus cargos.

Por su naturaleza, se supone que nadie que los haga debe quebrar esos votos. Un voto hecho a Dios es incluso más irreversible. Es pecado romper ese voto (Deuteronomio 23:21). Por otro lado, cumplirlo da como resultado la garantía divina de que Dios cumplirá con su parte del pacto.

En la Biblia, todo aquel que hizo un voto recibió lo que deseaba. Después de muchos años de oración en Silo, Ana cambió su estilo de oración. Pronunció el voto de devolver a Dios el hijo que le estaba pidiendo que le diera (1 Samuel 1:11). Dios respondió a ese voto y le dio a Samuel. Cuando ella cumplió su voto, Dios le dio cinco hijos más.

Jefté hizo un voto a Dios, y Dios le concedió una victoria contundente sobre los enemigos de Israel (Jueces 11:30). Jacob hizo un voto a Dios, y Dios lo protegió y lo bendijo abundantemente (Génesis 28:20). ¿Qué deseas del Señor que, al igual que hizo Ana, has rezado e incluso llorado por ello sin resultado? ¿Has pasado semanas y meses alabándolo y adorándolo, pero Dios no ha hecho nada sobre el asunto? Considera la posibilidad de hacer un voto a Dios. Dile lo que harás por Él si te da lo que le pides. Asegúrate de prometer solo lo que puedas hacer. Asegúrate también de que tu voto beneficie a Dios y a Su reino. Haz tu voto sabiamente y presenciarás un milagro.

Hace algunos años, hice un voto a Dios y pedí muchas cosas a cambio. Por la gracia de Dios, uno de los numerosos frutos de ese voto es la unción de este libro. He recibido innumerables beneficios más por hacer ese voto, y las penas se han transformado en alegrías en muchas familias, incluida la mía. Si necesitas una gran ayuda de Dios pero tus plegarias no han obtenido respuesta, tal vez ha llegado el momento de hacer un voto.

La solución de la oración

- Revoco todo voto que haya hecho consciente o inconscientemente al diablo, en el nombre de Jesús.

- Sangre de Jesús, anula toda maldición surgida de cualquier voto o prueba de alianza a cualquier espíritu maligno hecho voluntaria o involuntariamente por mí o por cualquier otro en mi nombre.
- Padre, enséñame cómo hacer y honrar mis votos, en el nombre de Jesús.
- Padre, rezo en particular para cumplir mis votos matrimoniales hasta el final, en el nombre de Jesús.
- Padre, líbrame de los votos de la muerte, en el nombre de Jesús.

Haz un voto ahora a Dios, pero ten cuidado de hacer un voto solo de lo que puedes cumplir. Pide algo a cambio.

Conoce quién eres: Hijo del destino

Desafíos

- Cuando deseas saber por qué naciste.
- Cuando quieres cumplir tu destino.
- Cuando quieres conquistar toda oposición a tu destino.

La solución de la Palabra

Todos los niños nacen para cumplir un propósito específico y no deberían ser meros espectadores en el teatro de la vida. Nadie está destinado a perderse en la multitud o a limitarse a aplaudir a otros que sí están haciendo algo con sus vidas.

Moisés era hijo del destino. Otros niños nacidos en el momento de su nacimiento fueron asesinados. Sobrevivió contra todo pronóstico. Dirigió a más de un millón de personas que salieron a pie de la tierra de sus opresores. Dios lo usó para hacer grandes señales, incluyendo cruzar el mar Rojo.

José, Daniel y Josué fueron todos hijos del destino. Dios dijo a Jeremías que había sido elegido y ungido antes de nacer (Jeremías 1:5).

Cada hijo de Dios renacido es hijo del destino, destinado a reinar y gobernar.

Formas parte de una nación santa. Eres una persona especial. Eres el sacerdocio real. Al igual que todos los hijos del destino, experimentarás oposición y desafíos, pero los superarás. Dios liberará una gracia singular sobre ti y encontrarás divina asistencia en tu camino.

Ahora que sabes quién eres, sal a por lo mejor. No aceptes ser el segundo violinista. No aceptes puestos inferiores ni te permitas desanimarte por ninguna oposición que encuentres. Sé consciente de tu propósito en la Tierra y ten decisión para lograrlo. Si no cumples el propósito para el que naciste, defraudarás a Dios y también a ti mismo.

Confío en que, con la ayuda de Dios, cumplirás tu destino.

La solución de la oración

- Padre, te ruego que elimines todos los obstáculos para conseguir mi destino, en el nombre de Jesús.
- Que se deponga todo poder que se opone a la voluntad de Dios, en el nombre de Jesús.
- Padre, revélame el propósito para el cual nací, en el nombre de Jesús.
- Padre, que no me convierta en espectador de mi vida, en el nombre de Jesús.
- Padre, distíngueme entre mis iguales, en el nombre de Jesús.
- Padre concédeme gracia sin igual para cumplir mi destino, en el nombre de Jesús.

El poder de dar las gracias

Desafíos

- Cuando quieres que las puertas del Cielo se abran para ti.
- Cuando deseas milagros extraordinarios.
- Cuando necesitas acceder al salón del trono de Dios.
- Cuando deseas el poder de la resurrección de Cristo en tus negocios, tu carrera profesional, tu familia o en otras relaciones.

La solución de la Palabra

Es sencillo dar gracias a Dios cuando hacemos un gran avance, pero nos parecería absurdo dar gracias a Dios cuando las cosas no van como queremos. Sin embargo, las escrituras nos ordenan expresamente dar gracias a Dios «en todas las cosas» (1 Tesalonicenses 5:18).

Dar gracias a Dios incluso cuando hay una noticia desagradable o un resultado no deseado es un acto de devoción que conmueve Su corazón. En 1999 murió mi primer hijo. Esa noche adoré a Dios con el corazón sangrante de dolor. Le recordé Sus palabras. Estaba llorando, pero dándole gracias. Esa noche Dios me habló en una visión y me hizo muchas promesas. Los años siguientes trajeron el cumplimiento de todas sus promesas, además de otro hijo que es una réplica exacta de su hermano fallecido.

Piensa en la época en la que el Señor Jesucristo predicó durante muchos días en el desierto ante una gran multitud. Al final del largo acto, se preocupó porque no había ningún lugar donde aquella gente pudiera comprar algo de comer. También sabía que el viaje de regreso a casa sería duro para la mayoría, ya que no habían comido en días. Le fue presentada la comida de un niño, consistente en dos peces y cinco panes, pero ¿cómo se suponía que con eso se iba a poder alimentar a los cinco mil hombres que había allí, sin contar a sus mujeres e hijos?

Lo que hizo Jesús fue muy llamativo. Elevó la comida claramente insuficiente al cielo y dio gracias a Dios por ella (Mateo 15:36). Ese acto de acción de gracias abrió los cielos. El pan y los peces comenzaron a multiplicarse. El resto es historia.

Piensa también en la historia de Lázaro, que estaba muerto y había estado cuatro días en la tumba. La descomposición ya había empezado. A los ojos del hombre, era un capítulo cerrado, un caso desesperado. Pero llegó Jesús. Él también lloró ante la escena, pero, a diferencia de los demás dolientes, Él alzó los ojos al cielo y dio gracias a Dios por los restos de su amigo Lázaro. Entonces dio una orden. El resto es historia (Juan 11:41).

¿Hay un caso ostensiblemente desesperado en tu vida? ¿Hay un defecto patente, una carencia crucial o una insuficiencia abultada que te esté atormentando? Tal vez hayas rezado mucho por ese asunto o hayas pasado noches en vela, e incluso quizás hayas buscado a grandes hombres y mujeres de Dios para que intercedan por ti, todo ello en vano. ¿Has pensado dar gracias por ese problema? Puede sonar ridículo, pero Dios usa cosas ridículas para hacer cosas milagrosas. Dios usa cosas estúpidas para confundir a los sabios (1 Corintios 1:27).

Dar gracias a Dios por ese problema abrirá los cielos para ti (Salmos 100:4) y provocará que se derrame la compasión divina en tu favor.

Cuando das gracias a Dios con intensidad incluso por un problema, veo que los cielos te prestan atención. Veo la intervención divina que va hacia ti provocando un cambio radical incluso en situaciones aparentemente imposibles. Deja que Dios se engrandezca.

La solución de la oración

- Padre, perdóname por no darte gracias lo suficiente por todo lo que has hecho por mí, en el nombre de Jesús.
- Padre, acepta mis gracias por todo lo que has hecho por mí, en el nombre de Jesús.
- Padre, te doy gracias por lo que estás haciendo en este momento por mí en el nombre de Jesús, aunque reconozco que no hay nadie vivo que sepa o aprecie cuán grandes son tus favores y gracias hacia el hombre.
- Padre, te doy gracias por todas mis oraciones que has respondido, en el nombre de Jesús. Padre, te doy gracias también por todas mis oraciones que están esperando tu respuesta, en el nombre de Jesús. Palabra, tu Palabra dice que deberíamos dar gracias por todo. Te doy gracias, Señor, incluso por los dolores y sufrimientos que he experimentado, en el nombre de Jesús.
- Padre, mientras te doy gracias, que los cielos se abran para mí.

¿Pasarías la próxima media hora dando gracias a Dios?

El poder de los ayudantes divinos

Desafíos

- Cuando necesitas de verdad ayuda para tener éxito.
- Cuando sientes que haberlo hecho lo mejor que has podido no es suficiente.
- Cuando necesitas un contacto o una conexión útil.

La solución de la Palabra

Hay un límite a lo que puedes conseguir por ti mismo, y el éxito es mucho más fácil de alcanzar cuando tienes ayudantes. Piensa en David. Dios levantó a Jonatán de entre el campamento enemigo para ayudarlo. Si Jonatán no le hubiera proporcionado información a David para ayudarlo en su huida, Saúl, el padre de Jonatán, habría matado a David.

Piensa en cómo Ester se convirtió en reina de un país extranjero en el que era oficialmente una esclava cautiva como el resto de su pueblo, los judíos. Aunque su currículo no la calificaba para ese cargo tan codiciado, a Dios le agradó elevar ayudantes para ella. Su tío Mordecai, un portero de palacio, estaba enterado de información privilegiada que sabiamente le pasó a Ester. También recibió ayuda durante todo el proceso de selección de los organizadores del evento, ya que Dios hizo que la ayudaran. Fue elevada a una posición real y Dios la usó en ese cargo como ayudante divina para salvar a Israel de las maquinaciones genocidas del malvado Haman.

Piensa en José, un muchacho joven que habría muerto en prisión si Dios no hubiera elevado para él a su antiguo compañero de celda como su ayudante divino. Dios hizo que el faraón tuviera un sueño que nadie en palacio pudo interpretar. Fue durante el siguiente *impasse* cuando el mayordomo del rey, el antiguo compañero de celda de José, habló en su favor, y eso le permitió mostrar su don ante el faraón. José el prisionero se convirtió en José el primer ministro.

Necesitas personas que te conecten con la cima o que te ayuden a salir de los problemas. Tal vez no sean las personas que esperas que use Dios, pero pide ayudantes a Dios. Él ya los tiene preparados y con toda seguridad te conectará a ellos.

Hace años, tuve una capacitación en algunos bancos de Nueva York y Filadelfia. Era un programa con todos los gastos pagados suscrito por el gobierno de EE. UU. Nunca supe que existía una beca así. Dios simplemente elevó un ayudante que me consiguió el formulario de solicitud y me lo envió. Lo solicité y me concedieron la beca. Ese curso cambió mi currículo.

Rezo para que Dios te envíe ayudantes divinos.

La solución de la oración

- Padre, al igual que hiciste con los judíos en Babilonia, levanta una Ester para mí, en el nombre de Jesús.
- Padre, ordena a los hombres y mujeres que me ayuden dondequiera que vaya, en el nombre de Jesús.
- Encadeno y expulso a cualquier poder que contienda contra mis ayudantes divinamente nombrados, en el nombre de Jesús.
- Padre, envíame ayudantes divinos a diario, en el nombre de Jesús.
- Padre, conéctame con todos los ayudantes que has nombrado para mí, en el nombre de Jesús.
- Cualquiera que sea la tarea de mis divinos ayudantes, Padre, revélamelos y dirígeme hacia ellos, en el nombre de Jesús.
- Padre, levanta ayudantes divinos para mí incluso procedentes del bando de mis enemigos, en el nombre de Jesús.

El poder de la sabiduría divina

Desafíos

- Cuando estás agotado o te sientes extremadamente frustrado.
- Cuando no sabes qué hacer o decir para liberarte de una situación difícil.
- Cuando no se te ocurre una solución para un problema difícil.
- Cuando te fallan el conocimiento humano y el poder intelectual.

La solución de la Palabra

Lo opuesto a la estupidez es la sabiduría. Las acciones estúpidas producen resultados infructuosos. Todos los problemas de la vida pueden resolverse con sabiduría. La sabiduría te equipa con la palabra o la acción correcta para sacarte de cualquier problema. Con mucha frecuencia, la sabiduría es la diferencia entre el éxito y el fracaso. Por eso la Biblia dice que la sabiduría es lo principal (Proverbios 4:7).

La sabiduría es de gran ayuda cuando estás bajo el ataque del enemigo

(Eclesiastés 7:12). La fuerza de tu enemigo se vuelve inútil cuando lo confrontas con sabiduría. La sabiduría es mejor que la fuerza (Eclesiastés 9:16).

La sabiduría puede vencer a la pobreza y puede guiarte a la riqueza. La Biblia dice que la sabiduría es mejor que el oro (Proverbios 16:6). La sabiduría es tan importante que quedó escrito en la Biblia que Jesús creció en ella (Lucas 2:52).

¿Cuáles son los desafíos que enfrenta tu matrimonio hoy? La sabiduría divina resolverá las disputas entre tu esposa o esposo y tú. Necesitas la gracia de Dios para manejar tus asuntos, ya sean de negocios, maritales, sociales o de otro tipo. La gracia te permite relacionarte mejor con todas las personas de tu vida. Muéstrame a alguien enfrentado con otros y te mostraré a una persona que carece de sabiduría divina.

Tal vez tu negocio esté estancado si careces de la sabiduría necesaria para dirigirlo bien. Es posible que no puedas avanzar al siguiente nivel si no encuentras la sabiduría. Pídele hoy sabiduría a Dios. Dios prometió dar sabiduría a aquellos que la pidan (Santiago 1:5). El Señor da sabiduría a través de Su boca (Salmos 136:5).

La sabiduría viene junto al increíble poder de la escucha. Las personas sabias hablan menos y escuchan más. He aprendido que no necesito hablar en todas las reuniones. El Espíritu Santo te dirá cuándo escuchar y cuándo hablar.

El temor de Dios es el inicio de la sabiduría (Salmos 111:10). Estás muy cerca de la solución que has estado buscando durante tanto tiempo. La sabiduría es la llave que abre tesoros inimaginables. Viene a ti al vivir una vida que reconoce y reverencia a su Creador.

Pídele hoy sabiduría a Dios. Él te responderá, y lo que buscas será tuyo.

La solución de la oración

- Me niego a ser un estúpido, así que Dios, ayúdame en el nombre de Jesús.
- Padre, concédeme el Espíritu de la sabiduría, en el nombre de Jesús.

- Padre, haz que crezca diariamente en sabiduría, en el nombre de Jesús.
- Padre, deseo la sabiduría divina; te ruego que me la concedas hoy, en el nombre de Jesús.
- Padre, ayúdame a vivir una vida santa y no temer a nadie más que a Ti, en el nombre de Jesús.
- Padre, ponme en contacto con el consejo sabio y permíteme caminar siempre en él, en el nombre de Jesús.

El poder que hay en la Palabra

Desafíos

- Cuando necesitas urgentemente soluciones para problemas persistentes.
- Cuando deseas respuestas garantizadas a tus oraciones.
- Cuando deseas alabar a Dios y experimentar Su presencia.
- Cuando todos los ayudantes humanos te han fallado.

La solución de la Palabra

La Palabra de Dios tiene un poder inmenso. La Palabra es Dios (Juan 1:1). Ha estado ahí desde el principio de los tiempos y siempre lo estará. Todo lo que Dios hizo en Su creación fue por Su Palabra. Tras miles de años de historia de la raza humana en constante evolución, la Palabra de Dios tomó la forma de hombre (Juan 1:12) y habitó en la Tierra. Se forjaron sanaciones y liberaciones, y aún se realizan, todas por la Palabra de Dios (Salmos 107:20) Todo lo de este mundo pasará, pero la Palabra de Dios no puede fallar nunca. La Palabra de Dios es infalible: Él, que prometió, es fiel para conceder lo que ha prometido.

Todos los problemas de la Tierra tienen solución en la Palabra de Dios. Cualquier problema sin resolver se debe únicamente a la incapacidad de uno para localizar la clave relevante en la Palabra de Dios. Todo este libro trata sobre soluciones usando la Palabra de Dios.

Búscalas en las escrituras; en ellas tendrás vida. Toda la Palabra de Dios está respaldada por un juramento divino; es un pacto entre la humanidad y Dios que Él nunca romperá (Salmos 89:34).

¿Cómo has intentado solucionar tus problemas? Tu Creador preparó las soluciones a tus problemas incluso antes de que tú nacieras. Todo está allí, en la Palabra de Dios, la Biblia. El libro es un paquete completo de soluciones esperando a que las encuentres y vivas según ellas.

El manejo de la Palabra de Dios requiere sabiduría y comprensión, que son regalos que Dios nos ha hecho. Las escrituras dejan perfectamente claro que la Palabra de Dios beneficia a aquellos que la mezclan con la fe. Si no la aplicas con fe, no te hace bien. La fe resulta en obediencia, otra clave de un corazón piadoso al que Dios recompensa con Sus numerosas bendiciones.

Amigo, tus oraciones son más potentes si las basas en la Palabra de Dios. ¿Has intentado encontrar tus temas de oración en la Palabra escrita de Dios? No conozco ninguna oración extraída de la Palabra de Dios que haya rezado y que no produjera resultados.

En un sueño reciente, una principalidad demoniaca estaba persiguiéndome con la intención evidente de matarme. Me desperté lleno de espanto, pero Dios pronunció una palabra instantánea en mi corazón y me mostró con un verso de la Biblia (Números 23:8) que nadie puede maldecirme y desafiarme porque Él no me ha maldecido ni desafiado.

Me sorprendió agradablemente que Dios me dijo que ni siquiera me moleste en rezar sobre el asunto, un ejemplo notable de victoria ganada simplemente creyendo en la Palabra de Dios.

Hace unos diez años, la esposa de mi primo se quejaba de pesadillas incesantes que le causaban numerosas noches de insomnio y horas pasadas en angustiosa oración contra unos enemigos percibidos y desconocidos. Eso se prolongó durante meses y la dejó frustrada y preguntándose por qué sus plegarias no estaban funcionando. Me vi empujado a compartir con ella Isaías 4:5-6, donde Dios prometió que Su gloria sería nuestra defensa. Su oración nocturna era para que se liberase sobre ella la gloria de Dios, con el fin de que le sirviera como defensa mientras dormía. Ella dio testimonio de que las pesadillas cesaron inmediatamente.

¿Cómo alabas a Dios? ¿Qué tipo de adoración le ofreces? ¿Has intentado alguna vez alabarle usando Su palabra? Inténtalo y Su presencia inundará tu lugar de oración.

Quejarte de tus problemas no los resolverá. Toma tu Biblia como si fuera un manual y sigue las instrucciones del fabricante. Alaba a Dios con Su Palabra. La solución a tu problema está toda ahí.

La solución de la oración

- Padre, abre mis ojos al poder de las soluciones que hay en tu Palabra, en el nombre de Jesús.
- Padre, permíteme que rece según tu Palabra, en el nombre de Jesús.
- Padre, conmueve mi corazón para apreciar las profundidades de tu Palabra, de forma que pueda reverenciarte con alabanzas y canciones de adoración que procedan de Tu Palabra, en el nombre de Jesús.
- Padre, fortalece mi fe en tu Palabra, en el nombre de Jesús.
- Padre, que tu Palabra se convierta en una fuerza que haga maravillas en mi vida, en el nombre de Jesús.
- Padre, me arrepiento de pasadas murmuraciones y quejas, y te pido tu perdón, en el nombre de Jesús.

Identifica y anota promesas contenidas en la Biblia relativas a tus necesidades actuales, y reza para que se manifiesten invocando el nombre de Jesús.

Favor divino

Desafíos

- Cuando quieres que el rostro de Dios brille en ti.
- Cuando deseas que tus buenas obras sean recordadas y recompensadas.
- Cuando quieres que el rostro de Dios brille sobre tu familia.
- Cuando quieres que Dios aparte de ti tu culpa.
- Cuando deseas desesperadamente que tus oraciones sean respondidas.

La solución de la Palabra

Para Dios es imposible olvidar a alguien. Una mujer puede olvidar a su hijo, pero Dios nunca olvidará a los Suyos (Isaías 49:15). Dios tiene la capacidad de recordarlo todo de todos todo el tiempo y por siempre. Sin embargo, la Biblia a menudo relata que Dios recuerda a alguien. Se trata de una forma de hablar que describe un cambio o un giro importante.

Siempre que en la Biblia se relata que Dios recuerda a alguien, significa que Dios ha decidido favorecerlo de una forma significativa, prestando una atención especial a esa persona. Cuando Dios te visita con un favor especial, se dice que Él se ha acordado de ti. Todos tenemos un día de encuentro divino, un día de favor divino. La verdad es que Dios escucha todas las plegarias. «¿Acaso no oirá el que hizo los oídos?» (Salmos 94:9).

Dios es soberano; Él elige cuándo responder a las oraciones. Sin embargo, puedes acelerar Su elección del día rezando insistentemente para obtener Su favor. Dios podría conmoverse y cambiar de opinión en un asunto por la oración desesperada, como se demuestra en muchas ocasiones en la Biblia.

Dios recordó a Abraham como amigo Suyo cuando se disponía a destruir Sodoma y Gomorra. Por Abraham Dios salvó a su sobrino Lot y a su familia (Génesis 19:29). Otro buen ejemplo es Raquel. Dios se acordó de ella (Génesis 30:22), y esta concibió y dio a luz a José. Lo que quiero hacer notar es que en el momento que Dios se acuerda de alguien, sus aflicciones cesan.

Hace años, necesitaba un préstamo para comprar una propiedad. Dios hizo que mis empleados levantaran el bloqueo de préstamos para el personal y conseguí uno. No mucho después de que obtuviera el préstamo y me asegurara la propiedad, el bloqueo se volvió a instaurar.

Cuando estés necesitado, clama a Dios que te favorezca. Con toda seguridad Él te escuchará y te visitará como prometió que haría.

La solución de la oración

- Padre, donde quiera que vaya yo, que tu favor vaya conmigo, en el nombre de Jesús.
- Padre, que cada documento que presente obtenga tu favor, en el nombre de Jesús.
- Padre, concédeme el favor de los hombres y mujeres de valor, en el nombre de Jesús.
- Padre, que tu favor me abra camino, en el nombre de Jesús.
- Padre, que nunca pierda tu favor, en el nombre de Jesús.
- Padre, ayúdame a crecer en tu favor a medida que crezco en edad, en el nombre de Jesús.
- Padre, acuérdate de mí para bien, y que este sea el tiempo elegido por ti para favorecerme, en el nombre de Jesús.

Capítulo 3

Cápsulas de promoción

Promociones inusuales

Desafíos

- Cuando deseas ser promocionado de forma extraordinaria.
- Cuando no tienes ningún ayudante humano que te ayude a progresar en tu carrera profesional.

La solución de la Palabra

Como progresión profesional, no es inusual que un director general sea ascendido a director ejecutivo, o que un subdirector sea promocionado a director. Y no hay nada extraordinario en que alguien con conexiones a un alto nivel obtenga un puesto público, o que un joven profesional con una maestría de una universidad de la *Ivy League* consiga un empleo dorado en una empresa importante.

Sin embargo, imagina una joven huérfana cuya situación no es mejor que la de un esclavo sin un centavo. Vive con su tío en un campo de refugiados, una entre los millones de extranjeros que huyen de la devastación de la guerra en su país natal. Un empleo menor como criada en cualquier lugar habría sido motivo enorme para dar gracias de forma especial, y una noche en el palacio del rey como limpiadora habría sido impensable. Pero la joven se convirtió en la primera dama y reinó como reina junto a su marido, el rey. Esa es la asombrosa historia de Ester, a la que la Biblia dedica todo un libro. Es una historia de gracia asombrosa que ilustra lo que le puede suceder a cualquiera cuando la mano de Dios se posa sobre él o ella.

La historia de mi vida es en cierto modo parecida a la de Ester. Mis padres eran pobres y analfabetos. Fui a la universidad con la enorme ayuda de familiares cercanos, pero no tenía contactos en puestos de poder o privilegio. A pesar de esto y contra todo pronóstico, a la temprana edad de cuarenta ya me sentaba en el consejo de dirección de un banco emergente. Todo lo que obtuve fue por divina recomendación.

Cuando me entrevistaron para el trabajo, los directores me preguntaron quién me había recomendado al banco. Les conté lo que Dios me había mostrado en una visión de un sueño que compartí con ellos. Se rieron, pero me contrataron. Me nombraron director de ese banco en menos de un año.

Si tu currículo es tan desastroso como era el de Ester, lo único que necesitas para progresar es la gracia de Dios, que le permitió a ella encontrar favor entre los oficiales de palacio (Ester 2:15). Su ascenso desde el rincón más oscuro hasta el mejor asiento protagonista no sucedió por azar. Ester estaba dedicada a la oración y el ayuno. Sus palabras inmortales han inspirado a generaciones de mártires y misioneros: «Y si tengo que morir, ¡pues moriré!» (Ester 4:16). La historia de su vida ofrece una ilustración clásica de que la promoción no proviene del este, del oeste o del sur, sino de Dios (Salmos 75:6).

El favor divino abre la puerta de la promoción. Veo a Dios reescribiendo tu currículo como hizo con el de Ester, para lograr una promoción inusual e inesperada. Pronto serás celebrado, amén.

La solución de la oración

- Padre, reescribe y eleva la calidad de mi currículo, en el nombre de Jesús.
- Padre, revierte cualquier cosa que no sea agradable de mis antecedentes, en el nombre de Jesús.
- Padre, en cualquier lugar en el que me encuentre, revísteme con tu favor, en el nombre de Jesús.
- Padre, he oído hablar de la gracia sublime. Que pueda experimentarla yo, en el nombre de Jesús.

- Padre, concédeme una promoción inusual, espiritual y materialmente, en el nombre de Jesús.
- Padre, concédeme un enorme salto hacia adelante y haz que sea celebrado, en el nombre de Jesús.

El poder de los sueños y las visiones

Desafíos

- Cuando tienes un sueño pero no lo entiendes.
- Cuando no sueñas durante meses o años.
- Cuando sueñas, pero se te olvida lo que soñaste.
- Cuando sueñas, pero te lo tomas a la ligera o ignoras las señales y advertencias.

La solución de la Palabra

Los cristianos sueñan y tienen visiones con frecuencia. Los sueños son misterios espirituales. Generalmente requieren una interpretación espiritual, ya que la mayoría de los sueños no deben tomarse literalmente. Los ignorantes o inmaduros espiritualmente tienden a desechar los sueños como si fueran pensamientos errantes del subconsciente sin significado alguno. Pero los creyentes buenos conocedores de las verdades de las escrituras aprecian la especial importancia espiritual de los sueños como canales de revelación divina. Cuando José soñó, nadie de su familia desechó esos sueños (Génesis 37:11); sus sueños se hicieron realidad. Cuando el faraón tenía un sueño preocupante y necesitaba un intérprete con credibilidad, encontró a José (Génesis 41:15). Asimismo, Daniel interpretó el sueño de Nabucodonosor (Daniel 2:24).

Algunas personas tienden a desechar los sueños, y especialmente las pesadillas, pero todos los sueños tienen un significado espiritual, y una parte de ellos puede manifestarse de forma física, a veces con graves consecuencias. No todos los sueños provienen de Dios. Algunos provienen del arsenal satánico para el engaño y la destrucción de las almas desprevenidas.

Dios dijo que, en los últimos días, hablaría con Su pueblo mediante sueños y visiones (Joel 2:28). Los últimos días están aquí.

En 2002 yo trabajaba en un banco de tamaño mediano. Un día divisé en medio del tráfico un auto muy hermoso del que me enamoré inmediatamente. «Ojalá pudiera permitirme una belleza como esa». Esa noche tuve un sueño en el que vi una referencia a Salmos 84:11 en la televisión. Cuando desperté, recordé el sueño y consulté ese versículo: «Tú, Dios y Señor, eres sol y escudo; tú, Señor, otorgas bondad y gloria a los que siguen el camino recto y no les niegas ningún bien». Menos de dos semanas después, el consejo de dirección de mi banco eligió ese automóvil como vehículo oficial para los siete que conformábamos el cuadro de dirección sénior. El que me asignaron a mí era negro, igual que el que había visto.

¿Cómo son tus sueños? ¿Los ignoras? ¿Careces del conocimiento de los principios necesarios para interpretarlos? ¿Olvidas tus sueños cuando despiertas? ¿Sueñas siquiera? Sea cual sea la categoría en la que te integras, necesitas la plenitud y el bautismo del Espíritu Santo, como prometió nuestro Salvador (Lucas 3:16). Únicamente con el Espíritu Santo derramado sobre ti podrás soñar los sueños enviados por Dios y ver las visiones dirigidas por Dios (Joel 2:28). Elévate y toma el control de tu vida.

Nada sucede en el mundo físico sin realizarse antes en el reino espiritual. Los sueños y las visiones son canales hacia lo espiritual. Proporcionan a los verdaderos creyentes plataformas operativas para moldear o remodelar su destino.

Tú también puedes tomar el control de lo espiritual, rechazar los sueños malignos a través de la oración y rezar para que se manifiesten visiones buenas.

La solución de la oración

- Padre, bautízame de nuevo con el Espíritu Santo, en el nombre de Jesús.
- Rechazo todos los sueños malignos relativos a mi familia, en el nombre de Jesús.
- Padre, haz que se manifiesten todos los sueños buenos sobre mi futuro, en el nombre de Jesús.
- Padre, concédeme el don de la interpretación de los sueños, en el nombre de Jesús.

- Padre, ayúdame a comprender cuando me hablas a través de los sueños, en el nombre de Jesús.
- Padre dirige todos mis pasos para hacer lo que tenga que hacer con cada sueño que requiera una acción por mi parte, en el nombre de Jesús.
- Padre, ayúdame a superar cualquier pecado por comisión u omisión que abra la puerta a los sueños satánicos en mi vida, en el nombre de Jesús.

Avanzar al siguiente nivel.

Desafíos

- Cuando deseas una promoción extraordinaria.
- Cuando quieres avanzar al siguiente nivel.
- Cuando hay obstáculos y limitaciones que bloquean tu promoción.
- Cuando deseas una promoción especial a pesar de admitir tus limitaciones.
- Cuando deseas obtener una promoción contra todo pronóstico o limitación.

La solución de la Palabra

Dios desea que Sus hijos progresen y tengan éxito, crezcan y se multipliquen. En palabras del salmista rey David: «El Señor añadirá sus bendiciones sobre ustedes y sobre sus hijos». (Salmos 115:14). Dios está deseando verte en tu más alto nivel en la salud y las finanzas. Tu estancamiento o fracaso no glorifica a Dios; Él adora verte promovido.

Si deseas la promoción divina, primero debes asumir que la temporada de promociones de Dios es aquí y ahora. Si entiendes eso, alza la vista hacia Él, no hacia ninguna persona. No deposites tu confianza en un hombre, porque el hombre te fallará. El hombre tiene una capacidad limitada de buena voluntad, alcance y capacidad para ayudarse a sí mismo y a otros. Por eso, Salmos 75:6 declara que la promoción solo proviene de Dios. Él es el poder que puede elevar a unos y derrocar a otros. Él es quien eleva a un mendigo de la inmundicia y lo sienta entre los príncipes (1 Samuel 2:8).

Para ganar tu lugar por derecho en Sus pensamientos, debes vivir una vida santa. Él bendice a los que lo temen (Salmos 115:13).

Aún hay un lugar arriba para ti. Veo a Dios elevándote al siguiente nivel. ¡Bienvenido a la promoción divina!

La solución de la oración

- Padre, acaba hoy con toda forma de estancamiento en mi vida, en el nombre de Jesús.
- Padre, haz que se levante todo embargo sobre mi promoción, en el nombre de Jesús.
- Padre, promocióname en todos los aspectos de la vida, en el nombre de Jesús.
- Padre, desbanca a cualquier usurpador de mi posición dada por Dios, en el nombre de Jesús.
- Padre, haz que crezca en todos los lugares, en el nombre de Jesús.
- Padre, revélame qué debo hacer y equípame para hacerlo de forma encomiable, en el nombre de Jesús.
- Padre, que la divina promoción visible anuncie tu gloria en mi vida, en el nombre de Jesús.

Ungidos para reinar

Desafíos

- Cuando estás cansado de sentirte pequeño.
- Cuando te sientes inferior.
- Cuando deberías estar al cargo pero sientes que no puedes.
- Cuando estás cansado de estar abajo.

La solución de la Palabra

Muchos creyentes se han visto bombardeados con enseñanzas equivocadas. Algunos creen que ser el segundo violinista o conformarse con un puesto inferior es una señal de humildad, pero no lo es. Esmerarse bajo intimidación, acoso u opresión no significa que seas humilde.

La humildad es estar dispuesto a servir en lugar de mandar a otros, incluidos los que están por debajo de nosotros. La humildad es ser rico, y sin embargo mezclarse con los pobres. La humildad es una forma de liderar que no se distancia de la gente corriente, sino que trata a todos con respeto.

El plan de Dios para ti es situarte por encima, no por debajo (Deuteronomio 28:13). Estás destinado a ser la cabeza, no la cola. Estás destinado a reinar y ejercer dominio. De hecho, Dios ha hecho de ti un rey y sacerdote, y reinarás sobre la Tierra (Apocalipsis 5:10). No debes aceptar nunca ningún puesto inferior como tu parada definitiva. La mediocridad y la inferioridad no son tu destino. No deberías ser tratado como un esclavo para siempre. Es penoso y chocante ver sirvientes a caballo mientras los príncipes van caminando (Eclesiastés 10:7).

Has de verte a ti mismo al mando en el lugar de tu misión divina. En el esquema de las cosas de Dios, cuando los justos ostentan el poder, el pueblo se regocija. Debes dirigir mediante el servicio y aportar valor. Los demonios no tienen derecho a gobernar sobre ti y a mantenerte en la esclavitud. La palabra de Dios es clara: Él te ha dado poder sobre el enemigo (Lucas 10:19). La enfermedad no debería gobernar sobre ti. Los curanderos no deberían controlarte ni manipularte. Debes reorganizar tu vida y ponerte al mando espiritualmente. Solo puedes hacerlo hincado de rodillas ante tu Creador. Eres un sacerdote real. Formas parte de una nación santa. Eres un creyente. Ejerce la autoridad del creyente. Eres un rey, y los reyes reinan. Recupera tu vara de mando.

Te veo reinando de nuevo. Nuestro Dios reina. Sus hijos reinan con Él. Dondequiera que me encuentro, espero dirigir de algún modo. Desde mis primeros años de escuela, los mayores y los maestros siempre se fijaban en mí. En varios puestos, tanto en mi vida profesional como en mi ministerio cristiano, el manto del liderazgo siempre ha recaído sobre mí. Es algo que nunca había entendido muy bien hasta que Dios me lo explicó. Él elige a los líderes incluso antes de que nazcan. Siempre hay situaciones que requieren líderes dispuestos a servir. Tú también has sido elegido para liderar mediante el servicio, así que debes esperar dirigir y reinar. Prepárate para el liderazgo sirviendo fielmente a la Palabra de Dios. Los creyentes están destinados a estar encima, no debajo. Él lo preparará para ti si lo sirves; Él tiene un plan para ti.

La solución de la oración

- Desde hoy rechazo conformarme con un puesto inferior como mi destino en la vida, en el nombre de Jesús.
- Desde hoy recibo el poder de reinar sobre mis circunstancias en el nombre de Jesús.
- Que sean depuestos hoy todos los usurpadores del trono asignado a mí por Dios, en el nombre de Jesús.
- Padre, dondequiera que me encuentre, ayúdame a liderar por el servicio y el buen ejemplo, en el nombre de Jesús.
- Recupero ahora todo puesto de liderazgo que me haya sido robado y reclamo mi trono, en el nombre de Jesús.
- Padre, elévame con la mano derecha de tu rectitud, en el nombre de Jesús.

Vivir en la cima

Desafíos

- Cuando quieres tomar el control.
- Cuando hay un vacío de liderazgo que eres incapaz de llenar.
- Cuando te ves injustamente subordinado o marginado.
- Cuando deseas elevarte a la cima de tu carrera o profesión.

La solución de la Palabra

Estás destinado a liderar, dirigir e influir en los asuntos y personas. Por eso el Señor Jesús te llama a ti y a todos Sus discípulos la luz del mundo (Mateo 5:14). Su Palabra es clara: nadie debería ocultar una vela encendida bajo un cesto, debería colocarse en un candelero (Mateo 5:15). Jesús declaró que, como somos la luz del mundo, somos «una ciudad asentada sobre un monte» (Mateo 5:14). Estés donde estés, el manto del liderazgo recae sobre ti de forma sobrenatural.

Solo hay una condición necesaria para tener una vida en la cima: la obediencia a Dios (Deuteronomio 28:13). Si haces lo que Dios dice que deberías hacer, Dios hará por ti lo que prometió que haría. No existen los atajos. El éxito tremendo de Josué se basó en este principio eterno. Se sometió totalmente a Dios de la misma forma que lo había hecho su predecesor Moisés, de quien aprendió Josué. «Todo lo hicieron tal y como el Señor se lo ordenó a su siervo Moisés, y éste a Josué, quien cumplió las ordenes al pie de la letra» (Josué 11:15). Josué será siempre un estudio clásico del éxito de una misión. Condujo a los israelitas a través del desierto hasta la Tierra Prometida.

¿Estás dejando algo sin hacer que Dios te haya ordenado? ¿Estás caminando en dirección opuesta a los Mandamientos de Dios? La única forma de llegar a la cima es mediante la obediencia absoluta a Dios. Cambia tu abordaje hoy. Te veo llegando a la cima de tu carrera, matrimonio y ministerio a medida que empiezas a caminar en total obediencia.

La solución de la oración

- Desde la oscuridad, Padre, anúnciame a mi comunidad y a todo el mundo, en el nombre de Jesús.
- Padre, que tu manto de liderazgo recaiga sobre mí, en el nombre de Jesús.
- Recibo la gracia y la unción para estar por encima, solo en el nombre de Jesús.
- Padre, ayúdame a vivir en santidad todos los días de mi vida, en el nombre de Jesús.
- Padre, dirígeme para vivir en la cima el resto de mi vida, en el nombre de Jesús.

Ver el futuro

Desafíos

- Cuando crees que estás teniendo éxito, pero en realidad no es así.
- Cuando estás inseguro o inquieto y asustado por el futuro.
- Cuando tu vida parece ir en círculos.
- Cuando realmente no sabes a dónde te diriges.
- Cuando no tienes nada que mostrar por todos tus esfuerzos.

La solución de la Palabra

Es probable que olvides parte de lo que oyes o lees, pero es improbable que olvides lo que ves. Hay un gran poder en ver o tener una visión. Lo que ves te dirige. Lo que ves te impulsa. Lo que ves crea energía y pasión en ti.

Las visiones, ya sean físicas o espirituales, dibujan imágenes en nuestra mente. Cuando vemos un cuadro del mañana, nos da una idea de nuestro destino. Cuando lleguemos allí, sabremos que hemos llegado. Dios mostró a José una imagen de su futuro: sería promovido y un día sus hermanos se inclinarían ante él. Trece años después, sucedió exactamente así. Ese sueño fue una ventana divina que le permitió a José echar un vistazo al futuro (Génesis 42:9).

Las visiones son importantes porque juegan un papel esencial en lo dispuesto por Dios para los últimos días (que empezaron en los días de los Hechos de los Apóstoles). Dios habló a Su pueblo a través de visiones y sueños (Joel 2:28; Hechos 2:17). Pintará y te mostrará una imagen clara del mañana.

¿Qué imaginas para ti? ¿Dónde te ves al año que viene? ¿Dónde ves tu matrimonio y hogar dentro de veinte años? ¿Estarás haciendo preparativos desesperados para el divorcio o la separación, o estarás disfrutando de un matrimonio dichoso merecedor de todas tus penurias y sacrificios? ¿Te ves sentado al lado de tu esposo o esposa envejeciendo bien y jugando felizmente con tus nietos? ¿O estarás ocupado haciendo inversiones personales a espaldas de tu esposo o esposa, como preparativo para una previsible ruptura de tu matrimonio? ¿Qué ves de verdad en tu mente?

¿Y sobre tu negocio? ¿Lo ves expandiéndose hasta diez veces su tamaño en cinco años? La mayoría de las cosas que he logrado o recibido en la vida me fueron mostradas antes en sueños o visiones. En algunos casos, se me previno para que no compartiera la revelación recibida con nadie. Todas ellas se cumplieron, ya que obedecí la orden del Espíritu y caminé en la fe.

Diez años antes de ordenarme pastor, Dios me mostró en un sueño una imagen de mí mismo de pie en un púlpito, predicando a una gran congregación. Pero en esa época, ni siquiera era un miembro comprometido de una iglesia. No obstante, Dios convirtió el sueño en realidad a Su manera y en Su tiempo.

Muchas personas no prosperan porque son incapaces de ver el mañana. Muchos están tan atados al presente o atrapados tan profundamente en el pasado que no tienen tiempo para pensar en el mañana, y mucho menos tener una visión o un sueño sobre ello. La mayoría de las personas se limitan a los acontecimientos del día; creen que el éxito es un accidente. ¿Eres uno de esos?

Cualquier arquero te dirá que fallar el blanco es una consecuencia natural de fallar al apuntar. El éxito no es una cuestión de suerte; conlleva planificación y apuntar a metas y objetivos claros. Conlleva una potente visualización. Debes establecerte una meta y un punto de referencia, o cualquier logro mediocre te parecería un gran éxito. «Cuando no hay visión, el pueblo se desvía» (Proverbios 29:18).

¿Tienes una visión que te guíe? Asegúrate de anotarla. Ahora mismo. Escríbela en un cuaderno especial, un cuaderno que debes mantener a mano para meditar regularmente. Sigue contemplando la visión escrita y evalúa tu progreso hacia esa meta de vez en cuando. Todos los creyentes encontrarán este desafío divino muy motivador y beneficioso. Debes escribir la visión y después guiarte por ella (Habacuc 2:2-3).

Deja de hacer movimientos infructuosos. Planea para mañana, visualiza tu mañana y deja que esa visión te guíe.

Trabaja en esa dirección. Llegarás a ella con la ayuda de Dios.

La solución de la oración

- Padre, abre mis ojos para ver el futuro, en el nombre de Jesús.
- Padre, por favor, elimina todos los velos demoniacos que bloquean mis ojos espirituales, en el nombre de Jesús.
- Padre, ayúdame a soñar grandes sueños, en el nombre de Jesús.
- Padre ayúdame a establecer objetivos, trabajar para conseguirlos y lograrlos.
- Padre, háblame a través de visiones y sueños regularmente, en el nombre de Jesús.
- Padre, recuérdame todos los sueños importantes que he olvidado, en el nombre de Jesús.
- Padre, concédeme la sabiduría para hacer lo que debo hacer para que se cumplan mis sueños, en el nombre de Jesús.

Honor divino

Desafíos

- Cuando quieres ser celebrado.
- Cuando deseas un lugar en un asiento delantero.
- Cuando deseas salir de la oscuridad e incorporarte a las grandes ligas.

La solución de la Palabra

Las personas generalmente se esfuerzan mucho por ser reconocidas y honradas por otros. Nos gusta que se nos aprecie y se nos honre. En África, por ejemplo, las personas que contribuyen sustancialmente al desarrollo de sus comunidades esperan ser recompensadas con, digamos, un título de jefatura. Las monarquías como la británica celebran a las personas que han alcanzado los mayores logros confiriéndoles títulos de caballero, lord u otros títulos. Otras naciones recompensan servicios extraordinarios otorgando premios y honores nacionales. Muchas ciudades importantes honran a los amigos distinguidos con las llaves de la ciudad, un símbolo del derecho completo a la residencia permanente.

Pero la forma de honrar de Dios es diferente; no obtenemos honores haciendo obras extraordinarias o ganando torneos. Dios concede honores a Sus elegidos. Toma a aquellos que no han conseguido nada en este mundo y los exalta con gran honor, como hizo con David, un pastor, y José, a quien sus hermanos habían vendido como esclavo. Dios honró a Mordecai, un prisionero de Babilonia, reemplazando a Ana con Mordecai. Dios es experto en honrar a los que el mundo desprecia. Cuando Dios honra a alguien, todos los demás deben hacerlo también.

Un domingo, necesitaba tomar el último vuelo a casa después de un compromiso para predicar, porque debía estar de vuelta en mi oficina el lunes por la mañana. Por desgracia, llegué al aeropuerto una hora después de que se cerrase la facturación, pero mi avión todavía estaba allí; sin embargo, nadie del mostrador podía decirme qué estaba sucediendo.

Mediante la ferviente persuasión, me vendieron a regañadientes un pasaje y me dijeron que probara suerte. Mi testimonio a la gloria de Dios es que conseguí subir a bordo y, justo cuando me senté, se oyó al piloto ordenando que se cerrara la puerta. Se disculpó por el prolongado retraso con los enfadados pasajeros y despegó, pero no dio ningún motivo para el retraso. Más tarde oí decir a otros pasajeros que habían esperado más de cuarenta y cinco minutos sin ninguna explicación de la tripulación; todo el mundo había supuesto que la espera era a causa de una persona VIP. Amigo mío, dicho con la debida humildad, esa persona VIP era yo. Si trabajas para Jesús, eres Su embajador. Dios puede hacer cualquier cosa por aquellos que trabajan para Él.

El honor divino es superior al honor humano. Para recibir honor divino, debes ser humilde. (Proverbios 15:33). Debes honrar a Dios para que Él te honre a ti (1 Samuel 2:30). La forma de honrar a Dios es temerlo poniéndolo en primer lugar y obedeciendo Su Palabra. Él honra a los que le temen (Salmos 5:4).

Dios honra a hombres y mujeres. Témelo, humíllate, hónralo y espera a cambio el honor divino.

La solución de la oración

- Padre, hónrame en el nombre de Jesús.
- Padre, colócame en una posición que pueda ser útil para el servicio, en el nombre de Jesús.
- Padre, elévame a tu gloria y hazla permanente, en el nombre de Jesús.
- Padre, enséñame a mantenerme humilde y merecer tu honor, en el nombre de Jesús.
- Padre, como te venero, glorifícate en mí, en el nombre de Jesús.
- Padre, que no pierda el honor que me concediste, en el nombre de Jesús.

Favor inusual

Desafíos

- Cuando trabajas mucho, pero obtienes muy poco que mostrar por tus esfuerzos.
- Cuando necesitas ser elegido entre tus iguales o competidores.

- Cuando necesitas un empujón divino para lograrlo.
- Cuando tu calificación está por debajo de los criterios de elegibilidad para el nivel superior.

La solución de la Palabra

Cuando tus amigos cercanos o tus relaciones vienen en tu ayuda, ese es un favor común. Pero, por su misma naturaleza, la amistad y los lazos familiares engendran apoyo mutuo, así que se espera dar y recibir favor en esos casos. Algunas veces, el favor humano es simplemente en pago de un favor recibido o una inversión por un favor que se anticipa que se necesitará.

Por lo tanto, el favor común se basa invariablemente en consideraciones materiales o emocionales. Dado que fluye entre seres humanos, es limitado, imperfecto y casi nunca completamente satisfactorio. Las personas raramente te hacen un favor sin exigir algo a cambio.

Pero existe el favor extraordinario. Proviene de Dios. Cambia las reglas del juego, y sin él nadie puede sobresalir o realizarse en todo su potencial. Incluso el Señor Jesús en Su paso terrenal necesitó el favor de Su Padre. Leemos que, en Su adolescencia, «Jesús siguió creciendo en sabiduría y en estatura, y en gracia para con Dios y con los hombres». (Lucas 2:52). De la misma forma, el joven Samuel gozó del favor de Dios y de los hombres mientras crecía en la casa del Señor (1 Samuel 2:26).

El favor de Dios puede ser tuyo inmerecidamente, pero, para disfrutarlo en plenitud y en todo momento, debes darte a la vida recta (Salmos 5:12). La búsqueda de un campeonato viene precedida de gran esfuerzo y entrenamiento. ¿Has estado trabajando mucho para hacerte rico? ¿Has estado buscando frenéticamente algo que deseas atesorar, un compañero o compañera para toda la vida, por ejemplo?

¿Has trabajado mucho pero no has recibido recompensa por tus esfuerzos? Necesitas un favor inusual, la clase de ayuda que solo Dios puede dar. Un favor inusual compensa todas tus deficiencias, por muy grandes que sean. Cuando me matriculé en el primer año de universidad en 1980, me encontraba entre los más jóvenes y más bajos de una larga y agotadora fila de estudiantes que esperaban para matricularse y recibir alojamiento. El personal encargado de los horarios estaba muy cansado y a punto de cerrar por ese día cuando una empleada mayor se levantó de su escritorio y caminó directamente hacia mí, al final de la fila. Tomó mis documentos, me registró y me dio alojamiento en un hostal. Fue un favor inusual de Dios en acción.

Los favores inusuales te califican cuando no estás humanamente calificado. Te abren puertas y te dan acceso a la realeza (Ester 5:1-3). Te distinguen y te hacen claramente preferido por encima de otros (Daniel 1:19). Cuando el favor inusual de Dios trabaja para ti, ningún enemigo puede derrotarte (Salmos 41:11).

¿A qué estás esperando? Pídele a Dios que derrame sobre ti un favor inusual empezando desde hoy.

La solución de la oración

- Padre, que tu favor extraordinario haga que me eleve sobre mis debilidades, en el nombre de Jesús.
- Por favor, cubre y borra toda deficiencia o desventaja que haya en mi familia con tu favor, en el nombre de Jesús.
- Padre, he oído hablar del favor divino; permíteme empezar a experimentarlo hoy, en el nombre de Jesús.
- Padre, permíteme crecer en tu favor todos los días, en el nombre de Jesús.
- Padre, permíteme disfrutar de tu favor ante otros, en el nombre de Jesús.
- Padre, sepárame de cualquier cosa que pudiera costarme tu favor, en el nombre de Jesús.
- Padre, permíteme ser recipiente permanente de tu favor, en el nombre de Jesús.

Atrapar las oportunidades

Desafíos

- Cuando deseas un importante empujón hacia arriba.
- Cuando deseas ver un amanecer nuevo y mejor.
- Cuando quieres cambiar las viejas maneras de hacer las cosas.

Simon Aranonu

La solución de la Palabra

Hay mucho que aprender de estas dos historias de la vida real. La primera es relativa a un pastor del este de África cuyos periódicos servicios al aire libre constituían grandes eventos, abundantes en milagros y testimonios públicos. Un ministro invitado regularmente y predicador esencial en estos servicios anunciados masivamente era su socio estadounidense, un nombre importante que atraía multitudes y un sanador por la fe.

Llegó una gran ocasión que había sido muy anunciada, pero el popular predicador estadounidense que había sido contratado para estar allí llamó para cancelar su aparición. Su consternado anfitrión africano se elevó a la altura de las circunstancias y dio la cara ante la increíble multitud él solo. Para su total asombro, lo que vino a continuación fue un catálogo de milagros impresionantes que lo convirtieron en un ministro sanador muy buscado desde ese día.

El segundo se refiere a tu seguro servidor quien, hace unos veinte años, estaba trabajando en una ciudad. Un compañero del banco amigo mío fue convocado inesperadamente a la sede corporativa para una reunión de urgencia. Me imploró que lo sustituyera en un programa de capacitación para el que había sido contratado como moderador por una empresa de capacitación y consultoría de alto nivel. Para mí ese era un terreno desconocido. Nunca había hecho ese tipo de trabajo y la firma consultora no sabía nada de mí, así que, naturalmente, se mostraron escépticos con el súbito cambio de personal. Sin embargo, me dejaron proceder de mala gana, y el resultado de esa sesión fue simplemente asombroso. Me convertí en moderador habitual durante los siguientes veinte años y fui director de ese programa a tiempo parcial. Aún trabajo para esa firma como consultor.

Las dos historias anteriores ilustran oportunidades divinamente organizadas que abren la puerta a favores inusuales. En la casa de Potifar, José era un simple sirviente, pero vio una oportunidad para brillar y la agarró con las dos manos. Bien podría haber elegido una vida de odio y amargura, siempre enojado por la crueldad de sus envidiosos hermanos que lo habían vendido tan inhumanamente como esclavo. En lugar de eso, se negó a permitir que esa experiencia tan terrible y devastadora definiera el resto de su vida. El resultado de esa actitud ganadora fue que destacó en sus relaciones con las personas y en el desempeño de sus obligaciones hasta tal punto que Potifar le confió toda su casa (Génesis 39:6).

José mantuvo esa actitud de perdón incluso después de ser arrojado a prisión injustamente por una acusación falsa de intento de violación. Su espíritu indomable de excelencia le granjeó el respeto del superintendente de la prisión, quien le confió el bienestar de los demás prisioneros (Génesis 39:22). Durante su ministerio en prisión, interpretó los sueños de un interno, un servicio rutinario que con el tiempo lo catapultó al palacio.

Dios advirtió que David, un muchacho pastor, tenía gran valor y le dio el poder y la oportunidad de matar a Goliat: una oportunidad concedida por Dios para sobresalir. La hazaña de David lo lanzó inmediatamente al estrellato. Las mujeres compusieron canciones sobre su heroísmo y el rey lo reclutó para su séquito de palacio. Muy pronto se desplegó el talento prodigioso de David cantando y tocando el arpa. Su viaje hacia la realeza había comenzado.

¿Cuántas oportunidades que encontraste en tu camino has malgastado? Las oportunidades nunca se anuncian, sino que llegan principalmente en forma de desafíos o problemas.

El Señor Jesús declaró que aquellos que fueran confiables en las pequeñas cosas, serían confiables en mucho más (Lucas 16:10). Por lo tanto, sé confiable en tu conducta y servicio dondequiera que estés. Todo contacto que hagas y todo servicio que prestes podría convertirse en una piedra angular de tu destino. De ahora en adelante, no te tomes ninguna tarea a la ligera. Dios está mirando. La gente también está mirando. Dios te está preparando para el honor, no para el fracaso. Sé sensible. Reconoce y atrapa las oportunidades que se crucen en tu camino.

Sé bueno con las personas. Debes sobresalir en tu trabajo. El destino te está llamando. Pronto, muy pronto, oiré tus testimonios en el nombre de Jesús

La solución de la oración

- Padre, ábreme los ojos para reconocer las oportunidades cuando surjan.
- Padre, perdóname por desperdiciar oportunidades pasadas.

- Padre, ponme en contacto con las personas, lugares y circunstancias para lograr un servicio útil y reconocimiento.
- Padre, desconéctame de la indolencia y los empeños que son una pérdida de tiempo.
- Padre, ayúdame a ser devoto en todas las situaciones.
- Padre, haz que asuma mi responsabilidad como instrumento de honor para servirte a Ti y a las personas en todas las situaciones.
- Padre, permíteme recobrar todas las oportunidades perdidas, en el nombre de Jesús.

Capítulo 4

Cápsulas de recuperación

Levántate y anda

Desafíos

- Cuando has perdido mucho y necesitas desesperadamente la recuperación divina.
- Cuando toda esperanza parece perdida y no sabes qué hacer.
- Cuando estás hundido y eres incapaz de levantarte.
- Cuando los enemigos se burlan de ti porque, aunque una vez fuiste un gran éxito, ahora pareces haberte convertido en un fracasado.

La solución de la Palabra

Cualquiera puede ser derribado por los caprichos de la vida. Los desafíos financieros pueden hundir a una persona, al igual que la enfermedad, los fracasos en los negocios, los problemas matrimoniales, los contratiempos profesionales, los problemas familiares y cosas parecidas. Ninguna empresa humana es inmune al desaliento, los contratiempos, la derrota, la destrucción o la muerte. El Señor Jesús nos advirtió que, en este mundo, seguro que vendrán aflicciones (Juan 16:33), lo mismo que son inevitables las persecuciones (Juan 15:20). La Biblia las denomina las aflicciones del tiempo presente (Romanos 8:18).

La buena noticia es que Dios quiere que nos elevemos sobre nuestros desafíos y nos ha equipado para que los venzamos. Incluso cuando sufrimos contratiempos momentáneos, deberíamos recordar que dicho contratiempo no es nuestro fin. Iqueas advirtió a sus enemigos que no se burlaran de él cuando estaba caído; confiaba en volver a levantarse (Miqueas 7:8-10). La Palabra de Dios proclama que nosotros, sus hijos, somos más que conquistadores (Romanos 8:37). No debemos aceptar nunca nuestra caída como una situación permanente e irremediable.

«¡Levántate y resplandece, que tu luz ha llegado!» (Isaías 60:1). Mientras quede aliento en ti, no estás destinado a ser relegado al viento. Álzate como el águila que eres y elévate a las alturas que están destinadas a ti. Estás destinado solo a estar por encima (Deuteronomio 28:13). Reconoce quien eres: perteneces a la realeza porque tu Padre es el Rey.

A lo largo de mi carrera he perdido un par de empleos. Cada vez que sucedió, me sentí desafiado para asegurarme uno mejor y, en todos los casos, los nuevos empleos que obtuve resultaron mucho mejores, más satisfactorios y gratificantes que los que había perdido. Aprendí a mantenerme optimista y no rendirme nunca.

La recuperación es de Dios. Se ganas de rodillas, con los ojos y el corazón alzados a Dios. Recuerda a Job. Lo que perdió, lo recuperó multiplicado por dos (Job 42:10).

Eres del sacerdocio real. Estás destinado a gobernar. Elévate y gobierna. Afirma tu autoridad sobre tus circunstancias y clama al Señor Jesús; el cielo te respaldará.

La solución de la oración

- Le digo a todo aquel que se ría de mi caída que me levantaré de nuevo, en el nombre de Jesús.
- Padre, Dios de las segundas oportunidades, concédeme un nuevo comienzo, en el nombre de Jesús.
- Padre, no quiero seguir caído, levántame en el nombre de Jesús.
- Padre, convierte mi fracaso en éxito, en el nombre de Jesús.
- Me niego a estar caído y desesperado; Padre, levántame y elévame por encima, en el nombre de Jesús.
- Padre concédeme la gracia para superar todas las pruebas y tribulaciones, en el nombre de Jesús.

- Padre, convierte mis desafíos en oportunidades, en el nombre de Jesús.

Superar las pérdidas

Desafíos

- Cuando deseas superar tus pérdidas.
- Cuando deseas recuperarte de los contratiempos.
- Cuando te enfrentas a un fracaso en los negocios, una pérdida drástica de ingresos o una disminución de tus activos.
- Cuando pierdes tu empleo.
- Cuando sufres una pérdida irreparable, como la muerte de un ser querido.

La solución de la Palabra

Las prácticas de contabilidad y teneduría de libros suponen mantener las cuentas de pérdidas y beneficios, la línea de abajo. Nada que no sean beneficios puede revertir las pérdidas. El gran apóstol Pablo testificó que, aunque lo había perdido todo, lo contaba como una ganancia por Cristo (Filipenses 3:7-8). En lo que a él concernía, ganar a Jesús era un beneficio que compensaba las pérdidas en las que había incurrido. Acabó con un beneficio neto y los dividendos que lo acompañaban.

¿Qué has perdido a causa del reino de Cristo? El Señor promete a cualquiera que pierda tierras, casas, dinero o familia por el reino que recibirá diez veces más en compensación (Marcos 10:29-30).

Una de las numerosas parábolas de Jesús hablaba de sembrar semillas y recoger la cosecha (Lucas 6:38). Dios puede conceder una compensación completa por cualquier pérdida que puedas haber sufrido en temporadas anteriores mediante cosechas mayores en el futuro. Él es el Dios de la recuperación. Es capaz y desea compensarte por años de hambruna (Joel 2:23-25). Dios puede redimir cualquier cosa, incluyendo el tiempo. Conozco a una pareja que sufrió largos años de infertilidad, pero luego fueron bendecidos con gemelos repetidamente.

¿Aún estás preocupado por alguna pérdida terrenal que sufriste a causa de tu fe en Dios? Nuestro Dios es un Dios de beneficio. Una sola transacción de negocios con Él podría compensar grandes pérdidas pasadas. Tal vez lloremos durante la noche, pero en la mañana saltaremos de alegría (Salmos 30:5). ¡Puedes haber salido a sembrar entre sollozos, pero regresarás alegre con tu cosecha! (Salmos 126:6).

La solución de la oración

- Padre, haz que mi negocio obtenga beneficios y cancela todas las pérdidas anteriores, en el nombre de Jesús.
- Padre, restaura multiplicado por siete lo que el enemigo me haya robado, en el nombre de Jesús.
- Padre, revive todo lo que el enemigo haya destruido en mi vida, en el nombre de Jesús.
- Padre envíame la primera y la última lluvia en la estación adecuada, en el nombre de Jesús.

Recuperación total

Desafíos

- Cuando deseas recuperarte de todo lo que has perdido.
- Cuando necesitas recursos para sobreponerte al robo de tus recursos concedidos por Dios.
- Cuando necesitas la recuperación divina en todos los aspectos de tu vida.

La solución de la Palabra

La recuperación es el proceso de volver a tener lo que fue robado, perdido o dañado. Incluso un ser humano puede ser recuperado, reclamándolo del cautiverio. Un ejemplo es David, que recuperó a sus esposas e hijos (1 Samuel 30:18-19).

La salud también se puede recuperar. Un caso ilustrativo bíblico es el de Namán, el general sirio que se recuperó de la lepra (2 Reyes 5:6) obedeciendo la palabra de Eliseo que inicialmente casi había desdeñado.

Las oportunidades perdidas pueden ser difíciles de recuperar, pero con Dios nada es imposible. Puede enviar lluvia que produzca abundancia. Sabe cómo restaurar y a quién compensar (Joel 2:34-25).

No sé qué es lo que has perdido tú, pero Dios dijo que recuperaríamos todo lo que hayamos perdido. No es asunto tuyo saber cómo lo hace; a Dios no puede enseñarle nadie.

Haz tu parte: clama a Él en ferviente oración y busca Su rostro, como hizo David cuando había perdido todo lo que tenía, y recuperarás todo, al igual que él (1 Samuel 30:18-19). Job es otro hombre que lo perdió todo. Las escrituras dan testimonio de que, cuando Job rezó por sus amigos, Dios acabó con su cautividad y Job recuperó todo lo que había perdido (Job 42:10).

Persevera ahora mediante la oración por ti y por tus amigos. Seguro que puedes recuperar todo lo que has perdido. Pero no olvides decirle a Dios lo que harás con todo lo que recuperes. Es un trato, y verás la lealtad de Dios.

La solución de la oración

- Recuperaré todo lo que el enemigo me ha robado, en el nombre de Jesús.
- Padre, concédeme la recuperación de todos los daños que he sufrido, en el nombre de Jesús.
- Padre, concédeme la recuperación completa de cualquier enfermedad del cuerpo, en el nombre de Jesús.
- Padre, restaura todas las buenas oportunidades que he perdido, en el nombre de Jesús.
- Ordeno una recuperación multiplicada por siete de todo lo que el enemigo me haya robado, en el nombre de Jesús.
- Persigo, venzo y recupero todo lo que he perdido, en el nombre de Jesús

Recuperaciones inusuales

Desafíos

- Cuando quieres recuperar las virtudes robadas, perdidas o dañadas.

- Cuando deseas recuperar lo que parece imposible.
- Cuando quieres la ayuda de Dios para una recuperación inusual.

La solución de la Palabra

A veces, cuando se atrapa a los ladrones, se devuelve lo que robaron. Los amalecitas que atacaron el campamento de David raptaron a sus mujeres y niños, pero David los persiguió y recuperó todo lo que le habían robado (Isaías 30:18).

Nuestro Dios es experto en manejar cualquier situación, por muy desesperada que parezca. El Señor Jesús es un trabajador del milagro. Él es el Señor, el autor de la vida y señor de recuperaciones inusuales. ¿No había estado Lázaro muerto y enterrado durante cuatro días? Aparentemente, su caso estaba más allá de toda esperanza. María le reprochó que hubiera llegado tarde; dijo que, si hubiera llegado mientras su hermano estaba solamente enfermo, no habría muerto (Juan 11:32). Jesús forjó una recuperación inusual de la vida de Lázaro.

Los hijos de los profetas tomaron prestado un hacha para cortar madera en las riberas del río Jordán. Para consternación de los jóvenes, esta se cayó al río y no pudo ser encontrada. El profeta Eliseo arrojó un pedazo de madera al río y la cabeza del hacha flotó (2 Reyes 6:1-7). Esa fue la mano de Dios obrando una recuperación inusual.

Una vez me perdí una promoción esperada y merecida. Un año más tarde, otro ejercicio de promoción tuvo lugar. Para todos los de la lista menos para mí, la fecha en que se hacía efectiva la promoción era la fecha de publicación de la nota de personal, pero mi promoción estaba fechada un año antes, con la fecha de la promoción anterior que no había obtenido, y me pagaron el salario de un año en atrasos. Esa recuperación inusual era Dios en acción. Dios dice que los casos desesperados se revertirán y las pérdidas se convertirán en ganancias.

Veo contratos cancelados previamente que ahora se están otorgando de nuevo. Veo a empleados despedidos vueltos a llamar y varios de ellos consiguen un ascenso. Veo deudas que se cancelan y olvidan en favor de los hijos de Dios. Veo algunas enfermedades llamadas terminales que son curadas. Al mismo tiempo, veo a tus deudores aparecer para pagar las deudas que te deben, algunas que ya no pensabas cobrar.

Posiciónate para experimentar recuperaciones inusuales. Las pérdidas de años pasados están a punto de borrarse de un plumazo. Las ganancias llegan de fuentes inesperadas.

La solución de la oración

- Padre, devuélveme multiplicado por siete lo que el enemigo me haya robado, en el nombre de Jesús.
- Padre, dale la vuelta a todos los casos desesperados de mi vida, en el nombre de Jesús.
- Padre, resucita todas las cosas buenas que el enemigo ha robado a mi familia, en el nombre de Jesús.
- Padre, revierte cualquier cosa que el bando enemigo haya tramado contra mí y contra los míos, por tu poder y misericordia, en el nombre de Jesús.
- Padre, revierte las maldiciones que los hombres consideran irreversibles en el nombre de Jesús.
- Padre, sana cualquier forma de enfermedad en mi familia, en el nombre de Jesús.
- Padre, restaura todas las cosas buenas que he perdido la esperanza de recuperar, en el nombre de Jesús.

El retorno de la gloria de Dios

Desafíos

- Cuando quieres que la presencia de Dios regrese a tu vida.
- Cuando deseas que los dones espirituales reviven en tu vida.
- Cuando quieres que toda la vergüenza se torne en gloria.

La solución de la Palabra

En la presencia de Dios hay gloria y honor (1 Crónicas 16:27). La presencia y la gloria de Dios determinan los acontecimientos y resultados en favor de Su pueblo.

Un ejemplo fueron Pablo y Silas (Hechos 16:25) encadenados en prisión, pero aun así rezando y cantando alabanzas a Dios. Fueron liberados cuando la gloria de Dios descendió sobre la cárcel y provocó un terremoto que aflojó sus cadenas y abrió las puertas.

Igualmente inolvidable fue la columna de fuego que guio, calentó y protegió al pueblo de Dios en el desierto. La presencia manifiesta de Dios es gloriosa, y toda Su gloria redunda en la defensa y protección de Su pueblo (Isaías 4:45).

Cuando desaparece la gloria de Dios, surgen los problemas. Cuando los israelitas ofendieron a Dios, su gloria fue desterrada (1 Samuel 4:21) y la consecuencia inmediata fue las muertes repentinas de Elí, el sumo sacerdote, y sus hijos errantes Jofní y Finés. Algunas personas han perdido la gloria de Dios. Incluso hay iglesias de las cuales ha sido desterrada la gloria de Dios. Algunas familias que antes experimentaban Su gloria ya no caminan en Su presencia.

La buena noticia es que la gloria de Dios aún puede regresar. Solo es necesario el arrepentimiento verdadero del pecador para que aparezca la misericordia de Dios y llegue justo a tiempo para que regrese Su gloria. Ruega por Su misericordia, y Su gloria regresará con ella. Las voces de la novia y el novio se oirán de nuevo en tu familia, las voces del regocijo y la alegría. El enemigo que se mofaba de ti será puesto en fuga. El cabello que el enemigo te había afeitado volverá a crecer, como hizo el de Sansón. La gloria de Dios regresará a tu iglesia, y el tuyo será el testimonio de una respuesta acelerada a tus plegarias.

Hace unos años, prediqué a una iglesia enferma. Al principio de estar allí, sentí que la gloria de Dios había abandonado a esa congregación afligida. Los pocos que tenían empleo los estaban perdiendo, los jóvenes morían en grandes números y demasiados estaban enfermando. Las bodas y los nacimientos eran acontecimientos escasos, y un número menguante de personas asistían a los servicios de la iglesia. Incluso yo, el pastor, vivía precariamente.

Di gracias a Dios por los intercesores, los poderosos pocos a los que llamamos guerreros de la oración, que sabían lo que significaba estar en la brecha. Ellos y yo buscamos el rostro de Dios, y Él empezó a revelar que el enemigo había hecho de la iglesia su residencia a través de sus agentes humanos de maldad espiritual, mediante cuya connivencia estaba matando, robando y destruyendo a placer.

Elevamos la temperatura espiritual de la iglesia mediante la oración y el ayuno. Después de un año, los agentes de Satán comenzaron a irse uno por uno. La gloria del Señor regresó acompañada de testimonios de nuevos empleos para los desempleados, incluyéndome a mí, y multitud de nacimientos. Los autos y las casas regresaron a la comunidad, y las bodas y las fiestas de nacimientos retornaron. En nada de tiempo estábamos ampliando el edificio de la iglesia, ya que la membresía se había multiplicado por tres.

Cuando la gloria de Dios regrese a tu matrimonio, la paz regresará y las crisis matrimoniales llegarán a su fin. Cuando la gloria regrese, tu negocio volverá a prosperar.

Amigo mío, reza fervientemente por el regreso de Su gloria.

La solución de la oración

- Padre, no permitas nunca que tu gloria se aleje de mí, en el nombre de Jesús.
- Padre, que tu gloria envuelva a mi familia por siempre, en el nombre de Jesús.
- Padre, que no vuelva a hacer nunca más nada que me cueste tu gloria, en el nombre de Jesús.
- Padre, que la gloria que tengo por delante sea mucho mayor que la que he visto hasta ahora, en el nombre de Jesús.
- Padre, que tu gloria sea la única defensa de mi familia, en el nombre de Jesús.
- Padre, que haya prueba de tu gloria en mi familia, en el nombre de Jesús.
- Padre, de ahora en adelante, deja que tu gloria me guíe y me dirija, en el nombre de Jesús.

El poder de los pronunciamientos proféticos

Desafíos

- Cuando te encuentres en una situación grave.
- Cuando te encuentres asediado y sientes miedo por todas partes.

- Cuando estás tan exhausto que ni siquiera puedes rezar por ti mismo.
- Cuando has rezado todo lo que puedes, pero no has recibido respuesta.
- Cuando te sientes sobrepasado y deseas que las cosas cambien rápidamente.

La solución de la Palabra

La mayoría de las veces, cuando los hijos de Dios se enfrentan a situaciones difíciles, su reacción inmediata es recurrir a soluciones o rutinas tradicionales. La más común es apresurarse a rezar y posiblemente a observar unos días de ayuno para complementar el ejercicio. Con las oraciones de día y los sollozos de medianoche intensificados, bombardeamos los cielos con fervientes expectativas de que la respuesta de Dios llegue rápido. Es un abordaje bastante correcto y produce resultados la mayoría de las veces.

Pero hay ocasiones en las que, por muy fervientes que sean nuestros esfuerzos, no parece que se acerque ningún cambio. ¿Estás en esa situación actualmente? ¿Has considerado la posibilidad de cambiar tu abordaje? En lugar de batallar en solitario, ¿por qué no te acercas a tu pastor para rezar y hacer declaraciones rotundas sobre tu vida? ¿Sabes que un minuto de declaración profética de tu pastor espiritual puede ser más poderoso que semanas de oraciones y vigilias solitarias? La eficacia del pronunciamiento profético de un sirviente verdadero de Dios es profunda. Un hombre de Dios es una extensión de Su mano; su voz es una extensión de la voz de Dios. Está en tu vida para bendecirte. Está en ella como general de Dios, con poder para refrenar al diablo y que este no interfiera contigo. Al derramar Su palabra de bendición sobre ti, Dios provoca acontecimientos que hacen que tus plegarias fructifiquen.

Piensa en el asedio sirio de Samaria (2 Reyes 6-7). La hambruna llevó al pueblo asediado al canibalismo cuando se cortaron sus líneas de suministro. Atrapados entre dos opciones desastrosas de capitular incondicionalmente o morir de hambre, aquellas gentes debieron suplicar a Dios en sus oraciones hasta la última gota de sus fuerzas. El suyo no fue un ayuno espiritual, sino que era una hambruna impuesta. No estaban en posición de pensar en montar sesiones de alabanzas.

Pero, con lo desesperada que era su situación, las tornas cambiaron rápida y drásticamente. Simplemente un hombre de Dios declaró que en veinticuatro horas habría un gran cambio y la abundancia reinaría en la ciudad (2 Reyes 7:1). En el momento que Eliseo hizo esa declaración, hubo un cambio instantáneo en el clima espiritual, y el vientre del tiempo se programó para dar a luz la declaración que el siervo de Dios había hecho en Su nombre. Cuatro leprosos tan afectados por el hambre que ya no les preocupaba morir comenzaron de repente a salir de sus escondites y atravesaron las puertas de la ciudad. Desesperados, se dirigieron al campamento sirio, y Dios hizo que sus pasos tambaleantes resonaran como carros de guerra; los sirios huyeron con pánico, dejando atrás sus abundantes suministros. Los leprosos se alimentaron hasta quedar saciados. Samaria tenía abundancia; la palabra del profeta se había cumplido al pie de la letra.

¿Cuándo fue la última vez que le pediste a tu pastor que pronunciara una bendición sobre tu vida? Cuando hizo declaraciones proféticas, ¿las creíste de verdad y las recibiste en la fe? ¿Te diste cuenta que un oficial dudó de Eliseo? Murió a consecuencia de eso; fue la única persona que no se benefició de la abundancia prometida. La Palabra de Dios es firme en ese aspecto: «¡Crean en el Señor su Dios y serán invencibles, crean en sus profetas y obtendrán la victoria!» (2 Crónicas 20:20).

En un servicio del Espíritu Santo, el pastor E. A. Adeboye declaró proféticamente que la estación seca había acabado para alguien. Aconsejó a esa persona que se dejara empapar a conciencia durante las siguientes lluvias como símbolo de que la sequía había terminado. Comuniqué esa orden a todos mis parroquianos y también la obedecí yo mismo. Unas horas después de empaparme bajo la lluvia, recibí una llamada de teléfono ofreciéndome un empleo muy lucrativo.

Has rezado mucho tú solo y tal vez hayas ayunado también durante demasiado tiempo. Quizás debas cambiar tu abordaje y abrirte al hombre de Dios que Él ha colocado como pastor sobre ti. Pídele que rece por ti y que haga un pronunciamiento sobre tu vida.

Te veo corriendo hacia tu pastor para testificar sobre tus oraciones respondidas. Dios honra a Sus siervos fieles.

La solución de la oración

- Padre, pon en boca de un hombre de Dios una palabra de bendición en beneficio mío, en el nombre de Jesús.
- Padre, úngeme para pronunciar bendiciones proféticas sobre tu pueblo, en el nombre de Jesús.
- Manifiesta ahora todas las bendiciones proféticas sobre mi destino, en el nombre de Jesús.
- Padre, ponme en contacto con tus dignos sirvientes a los que otorgas poder para hacer declaraciones proféticas sobre mi vida, en el nombre de Jesús.
- Empieza a manifestar todos los pronunciamientos proféticos que he hecho sobre mí mismo y sobre mi familia, en el nombre de Jesús.

Capítulo 5

Cápsulas de prosperidad

El sonido de la abundancia

Desafíos

- Cuando la pobreza y las carencias te han tenido hundido durante demasiado tiempo y necesitas un cambio.
- Cuando la escasez y la sequía parecen características permanentes de tu vida.
- Cuando parece que no hay signos de esperanza o prosperidad.

La solución de la Palabra

Durante tres años, hubo una grave sequía en Israel, consecuencia directa de la adoración a ídolos generalizada de toda una generación. La ira de Dios se había esparcido sobre el pueblo y su rey Ajab, adorador de fetiches, causando la funesta declaración profética del profeta Elías (1 Reyes 17:1).

Bajo la dirección de Dios, Elías se encontró con los profetas de Baal en el monte Carmelo en un día de ajuste de cuentas. Elías comenzó a reparar el altar de Dios y ofreció sobre él un sacrificio. Cuando clamó a Dios, del cielo cayó fuego. Los profetas de Baal cayeron en desgracia y fueron pasados por la espada. Posteriormente, Elías anunció lo que dio en llamar «una abundancia de lluvia» (1 Reyes 18:41). No mucho después llegó la largamente esperada y deseada lluvia. La sequía había acabado.

Nuestra época no es distinta. Al igual que en los días de Elías, el pecado sigue obstaculizando la lluvia de gracia divina.

Prolonga la estación seca que atormenta muchas vidas. Esa larga sequía no es el plan que Dios tiene para ti, y debe terminarse rápidamente. La sequía debe cesar en tus finanzas, en tu matrimonio, en tu ministerio y en tu familia. ¿Oyes el sonido de la abundancia de lluvia? Habla de bendiciones generosas y fantásticos avances y éxitos.

Todo lo que debes hacer es reparar el altar de Dios en tu familia. Sigue el ejemplo establecido por el profeta Elías. Repara tu altar familiar y vuelve a consagrarlo a Dios en la oración. Atiende con urgencia esta emergencia. Reconcíliate con Dios sin demora. Él es siempre leal, te reunirá con Él y recuperará para ti Sus bendiciones en todas las estaciones.

Unos meses después de haber dedicado mi vida a Jesucristo, caí en el pecado. Reconociendo que había ofendido a Dios, lloré toda la noche sintiendo que estaba de camino al infierno. Estaba amargamente decepcionado conmigo mismo. Arrepentido, confesé mi falta a la mujer que me había guiado a Jesús y busqué sus oraciones. Estaba seguro de que Dios me mataría esa misma noche, a pesar de las animosas garantías en sentido contrario que me ofreció esa mujer.

Esa noche tuve una visión en la cual se me mostró un versículo de las escrituras, Miqueas 7:18, y al despertar lo leí: «¿Qué otro Dios hay como tú, que perdona la maldad y olvida el pecado del remanente de su pueblo? Tú no guardas el enojo todo el tiempo, porque te deleitas en la misericordia». Amigo mío, este versículo me fortaleció. Me sentí perdonado. Había recibido misericordia y me sentí restaurado en hermandad con Dios.

Justo después de eso, mis dones espirituales comenzaron a manifestarse de nuevo. La estación seca había dado paso a una lluvia de abundancia, y todas las facetas de mi vida florecieron de nuevo. Eso sucedió hace unos veinte años. Hice voto de no volver a ofender jamás a mi Dios conscientemente. Ha sido un pacto maravilloso que Él me ha permitido cumplir fielmente.

Tus bendiciones están preparadas para derramarse como lluvia. Oigo lluvia abundante. Te doy la bienvenida a una gracia y favor extraordinarios. Prepárate para un aguacero de bendiciones divinas.

La solución de la oración

- Padre, concédeme la gracia para reparar el altar roto de mi familia, en el nombre de Jesús.
- Padre, convierte mis carencias e insuficiencias en bendita superabundancia, en el nombre de Jesús.
- Padre, guíame para guiar a otros a una vida de abundancia desde el día de hoy, en el nombre de Jesús.
- Padre, que mi familia y yo comencemos a oír el sonido de la abundancia de lluvia, en el nombre de Jesús.
- Padre, que termine lo que esté retrasando mi momento de cosechar, en el nombre de Jesús.

Superar la pobreza

Desafíos

- Cuando estás cansado de las cadenas y penurias de la pobreza.
- Cuando deseas desesperadamente conquistar y dejar atrás la pobreza.
- Cuando deseas prosperar sin caer en el pecado.
- Cuando buscas conocer los secretos de la verdadera riqueza.

La solución de la Palabra

La pobreza es una maldición terrible. Es una fuerza maligna que causa estragos en vidas y hogares. La pobreza roba la confianza y la autoestima de las personas. Aborta sueños y ambiciones. Ha sido la causa de que muchos muchachos inteligentes abandonen la escuela. Es el azote de miles de epidemias y millones de muertes prematuras. Innumerables personas mueren cada día de enfermedades prevenibles y curables, solo porque no se pueden permitir el tratamiento. La pobreza destruye los valores morales y sociales. Alimenta la corrupción y engendra una desigualdad que a menudo provoca odio, crimen y violencia.

La buena noticia es que no tienes por qué seguir siendo pobre. Dios, tu creador, no está contento con la pobreza. Por eso el Señor Jesús dijo que venía a darnos vida, y a dárnosla más abundantemente (Juan 10:10). Dios quiere que Sus hijos prosperen y tengan buena salud (3 Juan 1:2).

Nuestro amoroso Padre se complace en la prosperidad de Sus siervos (Salmos 35:27). Tenemos certeza en Su Palabra de que la casa del justo rebosará bienestar y riquezas (Salmos 112:3). Dios dice que el justo no pedirá prestado, sino que prestará a muchas naciones (Deuteronomio 28:12).

Por supuesto que te harás rico. Todo lo que necesitas hacer es seguir las reglas de las escrituras y evitar cometer los pecados de los desesperados que ansían riquezas sin conciencia y temor de Dios. Esas personas son rápidamente manipuladas por Satán. Están ciegos por la codicia y el atractivo de riquezas engañosas, y caen en pozos de muerte en su prisa ciega.

Las riquezas concedidas por Dios son muy diferentes y no te traen tristezas (Proverbios 10:22). Los principios de Dios para adquirir riqueza son directos. Por desgracia, muchos cristianos se sienten más inclinados a seguir sus propias costumbres que a acatar los principios expuestos por Dios para hacerse ricos. Prefieren rezar y ayunar durante meses y años para hacerse ricos a limitarse a aceptar la sencilla clave de Dios para conseguir riquezas. Nuestro Señor Jesús lo expuso todo (Lucas 6:38); Dios nos ordenó dar para recibir en desbordante medida. Debemos sembrar la semilla con lágrimas para recoger una cosecha entre gritos de alegría (Salmos 126:5-6).

Cosechamos lo que sembramos (Gálatas 6:7). La prosperidad está anclada al principio de la semilla y la cosecha, como se expuso para siempre en el pacto de Dios con Noé. Es el principio de dar y recibir, y la recompensa multiplica enormemente el desembolso. Es el principio de toda inversión: dar en el presente para recibir un rédito mayor en el futuro. Es la verdad fundamental de la madurez espiritual, un sacrificio hoy para recibir las bendiciones de Dios mañana, una ofrenda de lo visible y tangible para obtener lo que se espera y por lo que se reza. Esa fue la prueba crucial para Abraham cuando Dios le exigió que renunciara en sacrificio a su amado hijo, el fruto precioso de la promesa que Dios le concedió solo después de varias décadas de difícil espera. Después de que Abraham diera prueba de su disposición al sacrificio, Dios cumplió Su promesa dándole hijos en un número tan elevado como las estrellas del cielo (Génesis 22:16-18). Dios mismo renunció a Su único Hijo para recoger la cosecha de toda la humanidad (Juan 3:16).

Si quieres prosperar, esparce semillas; es una condición previa. Debes renunciar a lo que tienes antes de poder recibir lo que deseas. El Dios de la creación te multiplicará y devolverá con abundancia lo que cedas como sacrificio.

El reino de Dios es terreno fértil para sembrar tu fe. Siembra con afán de sacrificio para la obra del reino y recibirás multiplicado por cien (Marcos 10:29-30). La promesa de Dios te espera cuando traes tu diezmo y tus ofrendas; ÉL te abrirá las ventanas del cielo (Malaquías 3:10).

Tengo un testimonio personal sobre este aspecto de la gracia duradera de Dios, algo que sucedió hace años: sembré mi generador de 5 Kv donándolo a la iglesia y, no mucho después, alguien me regaló un generador de 27 Kv. ¿No te recuerda eso al rey Salomón? Dio como sacrificio a Dios, y Dios le hizo extraordinariamente rico. La mano del que da está siempre por encima.

Abandona la avaricia del puño cerrado: abre las manos y esparce tu semilla, porque no sabes quién prosperará gracias a ella (Eclesiastés 11:6). Da con magnanimidad porque un alma generosa prosperará (Proverbios 11:25). Da mucho y cosecharás mucho (2 Corintios 9:6). Deja de retener. Pon a prueba a tu Dios; rétalo con la semilla del sacrificio y verás si te hace prosperar con una gozosa cosecha. Él te dará poder para crear riqueza (Deuteronomio 8:18).

Dios te hará rico si sigues Sus principios, y no los del mundo. El mundo dice: «Guárdatelo y te harás rico», pero Dios dice: «Dámelo y te lo multiplicaré». Sé inteligente: hazlo a la manera de Dios.

Veo a la pobreza huyendo de ti hoy, cuando empiezas una nueva vida de siembra en el reino de Dios.

La solución de la oración

- Padre, guíame para dar lo correcto y superar la pobreza, en el nombre de Jesús.
- Padre, concédeme la gracia de invertir siempre sabiamente, en el nombre de Jesús.
- Padre, muéstrame los hábitos y actitudes que me mantienen en la pobreza y líbrame de ellos, en el nombre de Jesús.

- En el nombre de Jesús, rompo toda maldición de pobreza que esté actuando sobre mi familia. Recibo para mi familia las bendiciones de Dios que nos hacen ricos y no añaden pesadumbre, en el nombre de Jesús.
- Padre, bendice todo el trabajo de mis manos y haz que prospere, en el nombre de Jesús.
- Padre, permíteme ser un gran sembrador en tu reino, en el nombre de Jesús.
- Rechazo a todo agente de pobreza en mi vida, en el nombre de Jesús.

Irrumpir en la prosperidad

Desafíos

- Cuando anhelas lograr prosperidad.
- Cuando estás cansado de suplicar ayuda a otros.
- Cuando empiezas a imaginar que nunca serás rico en esta vida.
- Cuando tus esfuerzos se ven rodeados de decepciones y rustraciones.
- Cuando estás decidido a superar todos los obstáculos y prosperar vigorosamente.
- Cuando te enfrentas a un serio desaliento en tu apuesta por prosperar.

La solución de la Palabra

La Biblia ve la prosperidad como un paquete completo de riqueza, buena salud y bienestar integral (3 Juan 1:2). Contrariamente a lo declarado por algunas teologías engañosas, Dios quiere que todos prosperemos. Dios se complace en la prosperidad de Sus siervos (Salmos 35:27). Dios también desea la buena salud de todos Sus hijos. Su promesa en este tema es explícita: Él nos libró de las enfermedades de los egipcios (Éxodo 15:26). También quiere que nos ganemos el cielo, y nos envió a Su único Hijo para que nuestras almas ganaran la vida eterna (Juan 3:16).

Buscar la prosperidad requiere un esfuerzo verdadero. Debes trabajar duro, ser resilente y no rendirte nunca. Isaac siguió cavando en busca de agua, pero no hacía más que encontrarse con obstáculos. El enemigo capturó uno tras otro los dos pozos que había cavado, pero no se rindió. Fue a otro lugar y cavó de nuevo hasta que encontró agua, y ya no hubo más contiendas (Génesis 26:26-33). Ese fue su logro.

Debes perseverar y no rendirte. Aquellos que se rinden nunca alcanzan el logro que necesitan. Debes seguir dándote a tu negocio y también sembrar la obra de Dios todo el tiempo. Sigue buscando ese empleo. Sigue ofertando a esos contratos. Sigue trabajando en esa oficina. Sigue siendo fiel a la Palabra y sigue viviendo una vida santa, y así tu alma prosperará.

Aquellos que resistan hasta el fin serán salvos (Mateo 24:13).

Sigue confesando la Palabra de Dios en tu vida. Sigue alabando a Dios por tu buena salud y tus logros. Sigue dando gracias a Dios por tu matrimonio, aunque todavía esté por llegar. Sigue alabando a Dios por tus hijos y los bebés que esperas. Simplemente persevera, y lo obtendrás. No te desanimes. Tu fe está siendo puesta a prueba. No habrá acabado hasta que no consigas lo que necesitas. No falles cuando estés casi en la cúspide de tu milagro. No pienses nunca en abandonar, porque los que abandonan nunca ganan. Ese último puñetazo puede darte la victoria sobre tu oponente. Ese intento más puede abrir la puerta a tu éxito. Sigue creyendo y confiando en Dios. Tu logro está a tan solo un paso.

La solución de la oración

- Padre, hazme prosperar de todas las formas, en el nombre de Jesús.
- Padre, expande mi horizonte, en el nombre de Jesús.
- Padre, abre para mí las puertas de la prosperidad, en el nombre de Jesús.
- Padre, introdúceme en la prosperidad, en el nombre de Jesús.
- Padre, elimina todas las limitaciones a mi prosperidad, en el nombre de Jesús.
- Padre, ordena que la prosperidad me siga, en el nombre de Jesús.
- Padre, anímame y no permitas nunca que me rinda en mi búsqueda de la prosperidad, en el nombre de Jesús.

Poseer la Tierra de Promisión

Desafíos

- Cuando te has retrasado demasiado en el desierto.
- Cuando necesitas una recompensa completa y descanso despúes de haber trabajado durante años.
- Cuando quieres llegar al descanso de Dios.
- Cuando quieres que Dios te establezca.
- Cuando quieres casas que no construiste y viñedos que no plantaste.

La solución de la Palabra

Dios describe la Tierra Prometida como un lugar rebosante de leche y miel, un término que simboliza el paraíso, el cielo en la tierra. Es una tierra de descanso, una tierra de riqueza y prosperidad, un lugar de paz y alegría indescriptibles. Llegar allí desde Egipto debería haber tomado tan solo cuarenta días de viaje, pero a los israelitas les tomó cuarenta años. Sufrieron en el desierto, pero Dios los alimentó con el pan celestial, el maná. También disfrutaron de buena salud durante toda su marcha, y no había débiles entre sus tribus durante el azaroso viaje (Salmos 105:35). Pero, a la llegada a Canaán, pensaron que simplemente tomarían la tierra y se asentarían para divertirse y disfrutar. Olvidaron que había gigantes en aquella tierra (Números 13:33).

Amigo mío, toda tierra de promisión tiene sus propios gigantes. Pero eso no es razón para verte a ti mismo como un saltamontes a sus ojos (Números 13:33). Poseer la tierra que tienes ante ti es una misión que requiere que obedezcas completamente a Dios y no temas nunca a esos gigantes. De ese modo, el Señor se deleitará en ti y los gigantes se convertirán en pan para ti (Números 14:8-9).

¿Qué empleo deseas? ¿De qué logro tienes hambre? ¿Qué matrimonio de calidad ansías? Esas cosas son tu Tierra Prometida, tu propio Canaán. No temas a los que ocupan el puesto en este momento. Limítate a vivir en santidad y prepárate para pelear con la oración por tu Tierra de Promisión.

Dios dijo a los israelitas que, aunque les había dado la Tierra Prometida, ellos tendrían que contender contra sus habitantes (Deuteronomio 2:24). Debes pelear en oración de rodillas; no hay victoria sin batalla.

He interactuado con muchos hombres y mujeres de éxito, incluyendo ministros importantes de Dios. Todos ellos tenían una cosa en común: eran muy trabajadores y oradores fervientes, decididos a no rendirse nunca. Esperaban pelear por todos sus problemas y ganar, por mucho tiempo que les tomara. No puedes alcanzar los puestos más altos de riqueza y tener éxito sin una pelea piadosa.

La solución de la oración

- Asumo toda autoridad y esclavizo a todos los gigantes de mi Canaán en el nombre de Jesús.
- Recibo unción para conquistar toda oposición a la tierra de mis sueños en el nombre de Jesús.
- Venzo toda fuente o causa de temor en mi vida, en el nombre de Jesús.
- Padre, ayúdame a levantar el vuelo con alas como un águila, en el nombre de Jesús.
- Padre, contiende contra todos los que contiendan contra mí en la batalla, en el nombre de Jesús.
- Hago cautivos a todos los poderes o personas que se oponen a que yo entre en mi Tierra Prometida, en el nombre de Jesús.
- Padre, abre todas las puertas cerradas de mi Tierra de Promisión, en el nombre de Jesús.

Provocar la liberación divina

Desafíos

- Cuando necesitas cosas buenas, pero Dios no parece interesado.
- Cuando te preguntas qué hacer para conseguir la atención de Dios.
- Cuando rezas, pero no obtienes respuesta de Dios.

La solución de la Palabra

Todos los días nos enfrentamos a nuestras necesidades y al reto de cómo satisfacerlas. Nuestras necesidades vienen en formas variadas y no dejan de cambiar. Pero Dios conoce todas nuestras necesidades incluso antes de que se las presentemos en nuestras oraciones. Sin embargo, como principio básico, Él no nos impone Su ayuda, sino que espera a que se la pidan aquellos que la necesitan. Por eso, Jesús exhortó a Su rebaño: «Pidan, y se les dará» (Mateo 7:7). La implicación de esto es que, si no pides, no recibirás. Si esperas que Dios atienda a tus necesidades porque las conoce todas sin que tú lo digas, no obtendrás nada.

Simplemente, Dios no actúa así. El ciego Bartimeo hizo un esfuerzo desesperado por llegar hasta Jesús. Aun así, el Maestro le preguntó qué quería de Él, aunque, como todos los demás, veía que el hombre era ciego y necesitaba sanar (Marcos 10:51). Jesús, le obligó a pedirlo.

Otro principio fundamental que garantiza la generosidad divina es dar, especialmente a la obra de Dios. Hace algunos años, mi iglesia estaba construyendo una parroquia extraordinaria. Comprometí toda mi asignación y casi todo mi salario en el proyecto. Recuerdo haberle dicho al pastor que se pusiera en contacto conmigo en cualquier momento que la iglesia se quedara sin fondos para el proyecto, una idea alocada desde cualquier punto de vista. El día que el supervisor general, el pastor Adeboye, dedicó la iglesia, un amigo me hizo un regalo sorpresa que consistió en una enorme suma de dinero, sugiriéndome que comprara un terreno para mí. En menos de seis meses, y gracias a otros regalos de amigos y personas bienintencionadas, me construí mi primera casa. Nuestro Dios cumple sus pactos. Actúa siguiendo el principio eterno de devolver multiplicado al que da por su ofrenda (Marcos 10:29–30; Lucas 6:38; Hechos 1:1-12).

Si no le das nada a Dios, no recibirás nada de Él. Dar a Dios le impulsa a devolverte. Haz una ofrenda hoy a Dios a través de tu iglesia. En especial, da a cualquier proyecto o programa dedicado a las necesidades de Dios. Fotocopia tu sacrificio en forma de cheque y escribe en él lo que le pides a Dios. Te sorprenderá cómo a cambio se cumplen tus necesidades e incluso se superan. Dios dio a Salomón más de lo que había pedido, una recompensa fantástica por su ofrenda de sacrificio. Pon a prueba a Dios hoy dando a lo grande para provocar la liberación divina de provisiones a tu favor.

La solución de la oración

- Padre, en Tu misericordia, libera Tus milagros para favorecerme, en el nombre de Jesús.
- Padre, te ruego que, por Tu amor, me concedas todas mis peticiones, en el nombre de Jesús.
- Padre, guíame para hacer todo lo que requieres de mí, en el nombre de Jesús.
- Padre, bendíceme con recursos para hacer avanzar Tu Reino, en el nombre de Jesús.
- Padre, concédeme la gracia de ser un alegre dador, en el nombre de Jesús.
- Padre, recuérdame para bien, en el nombre de Jesús.
- Padre, que Tu semblante brille en mí ahora y siempre, en el nombre de Jesús.

Recibir las bendiciones de tus pactos

Desafíos

- Cuando tus grandes sueños no se manifiestan en el reino físico.
- Cuando te enfrentas a obstáculos que se interponen a tus planes y esperanzas.
- Cuando las batallas son demasiado intensas y frecuentes justo antes de que llegue el éxito.
- Cuando hay demasiados casos que preceden y casi destruyen tus testimonios.

La solución de la Palabra

Tus posesiones son en parte logros y en parte heredados. Tus posesiones son tu derecho otorgado por Dios, tu derecho del pacto. Uno de los derechos de tu pacto es la garantía divina de que ningún enemigo te derrotará. Estás destinado a poseer las puertas de tus enemigos (Génesis 22:17); siempre tomarás cautivos a tus enemigos. Cualquiera que intente hacerte cautivo será hecho cautivo (Apocalipsis 13:10). Parte de tu derecho divino es que las armas que se formen contra ti siempre fracasarán (Isaías 54:17). La intención de Dios es bendecir a los creyentes y convertirlos en fuente de bendiciones para el mundo (Génesis 22:18).

Estar bendecido significa tener éxito. Espero que sepas también que ser una bendición significa convertirse en un canal a través del cual los favores de Dios fluyen hacia otros.

¿Qué vemos entre los creyentes hoy en día? Es un hecho inquietante que no podemos ocultar. Demasiados creyentes son demasiado pobres. En lugar de ser instrumentos para sanar a otros, están atrapados en las garras de todo tipo de enfermedades y necesitan sanación. En lugar de rezar por la fecundidad de lo estéril, sufren esterilidad. Es una parodia de las bendiciones del pacto heredado de Abraham, una herencia confirmada por Jesús cuando se hizo maldición por nosotros para que las bendiciones del pacto se derramaran sobre todos los creyentes (Gálatas 3:13-14).

Muchos creyentes se están perdiendo sus bendiciones del pacto debido a la pereza espiritual. Las bendiciones del pacto no pueden tomarse o retenerse de forma efectiva sin pelear. Por ese motivo, incluso después de haberles dado a los israelitas la Tierra Prometida, Dios ordenó: «Comienza a tomar posesión de ella, y entra en combate contra él (el enemigo ocupador)» (Deuteronomio 2:24).

Muchos cristianos se sientan ociosos y se quejan o murmuran. Los perezosos no pueden poseer lo que es suyo por derecho. Josué preguntó a las siete tribus que aún no habían recibido su herencia: «¿Cuánto más se van a tardar para tomar posesión de la tierra que el Señor, el Dios de nuestros padres, les ha entregado?» (Josué 18:2-3).

Solo en santidad puedes luchar por tus bendiciones del pacto: «Pero en el monte de Sion habrá un remanente que se salve; será un remanente santo, y la casa de Jacob recuperará sus posesiones». (Abdías 1:17). No olvides que esta lucha es espiritual, y que tus armas no son de la carne, sino poderosas a través de Dios (1 Corintios 10:4).

Levántate y pelea por tus derechos. El enemigo contiende contra ti para arrebatarte la mayoría de las cosas buenas que te están destinadas.

Debes pelear para recuperarlas. Estás destinado a ser una bendición para el mundo. Nada menos es aceptable. Te veo recibiendo tus bendiciones del pacto.

La solución de la oración

- Poseo las bendiciones de mi pacto en Cristo Jesús, en Su nombre.
- Ordeno que me sea devuelta en su totalidad cualquier porción de mi herencia, en el nombre de Jesús.
- Que desaparezca todo obstáculo a mi herencia, en el nombre de Jesús.
- Padre, enséñame y guíame para poseer mis posesiones, en el nombre de Jesús.
- Padre, fortaléceme para luchar por mi herencia, en el nombre de Jesús.
- Que desaparezca todo poder fundacional contra mi herencia, en el nombre de Jesús.
- Recupero las bendiciones de mi pacto que estaban en manos de mi enemigo, en el nombre de Jesús.

Aumento divino

Desafíos

- Cuando lo que te ha tocado vivir es pequeño y se niega a crecer.
- Cuando en los negocios y la familia todo está estancado y deseas un cambio de rumbo.
- Cuando no estás logrando un progreso o aumento.
- Cuando necesitas ayuda celestial para avanzar y expandirte en todos los aspectos.

La solución de la Palabra

En el lenguaje de las escrituras, aumentar es florecer. Todo el mundo desea aumentar. Todos queremos que crezcan nuestras finanzas. Los padres desean el alegre aumento de la familia a través de los nacimientos. Los pastores desean el crecimiento continuo del tamaño de sus congregaciones y de la asistencia a la iglesia, del mismo modo que los directores de escuela desean más estudiantes en sus aulas. Todos los hombres de negocio desean el crecimiento en términos de clientes y ventas, y los médicos quieren más pacientes. Anhelar el aumento es natural; es un signo de prosperidad y muy a menudo produce alegría.

Dios prometió las bendiciones del aumento al hombre. También ordenó expresamente: «¡Reprodúzcanse y multiplíquense!» (Génesis 1:28). El aumento es una bendición de Dios y solo de Dios. El primer paso hacia el éxito verdadero es asociarse con Dios. Debes ser amigo de Dios y estar dispuesto a sembrar y cosechar. Los hombres de negocios siembran su dinero para cosechar beneficios. Abraham no fue nombrado padre de muchas naciones hasta que estuvo dispuesto a sembrar a su hijo Isaac (Génesis 22:18). Lo extraordinario es que Dios mismo le da la semilla al segador. Ya tienes en tus manos la semilla que Dios espera que siembres. No comas esa semilla; es el capital que necesitas para tu aumento seguro.

¿Deseas aumentar financieramente, espiritualmente o de alguna otra forma? ¿Ya has experimentado el aumento y deseas más? «El Señor añadirá sus bendiciones sobre ustedes y sobre sus hijos» (Salmos 115:14). Dios quiere el aumento para ti y tus hijos, por eso asóciate con Dios como hizo Pedro el pescador; cedió su barca incondicionalmente al Señor Jesucristo para predicar, y la recompensa de Pedro fue instantánea: su negocio de pesca prosperó espectacularmente (Lucas 5:1-12). Cuando Ana cedió a su hijo Samuel para el servicio del Señor, recibió la recompensa de Dios de cinco hijos más (1 Samuel 2:20-21). Hace unos años, un hombre de Dios me pidió la corbata que llevaba puesta y se la di. Menos de dos semanas después, recibí un paquete de regalo que consistía en diez corbatas de seda.

Solo la asociación con Dios te garantizará un aumento. Que Dios dirija tu camino sobre cómo asociarte con Él para que recibas aumento divino.

La solución de la oración

- Padre, concédenos aumentar a mi familia y a mí, en el nombre de Jesús.
- Padre, amplía mis horizontes física y espiritualmente, en el nombre de Jesús.

- Supero hoy cualquier cosa que esté obstruyendo mi aumento, en el nombre de Jesús.
- Padre, ordeno que el aumento y la prosperidad bendigan todos mis empeños, en el nombre de Jesús.
- Padre, bendice todas mis semillas y haz que produzcan una cosecha enorme, en el nombre de Jesús.
- Padre, enséñame cómo asociarme contigo para aumentar, en el nombre de Jesús.

La semilla productiva

Desafíos

- Cuando quieres aprender cómo sembrar para alcanzar una gran cosecha.
- Cuando deseas sembrar de forma muy productiva.
- Cuando dudas del beneficio de sembrar.
- Cuando sientes que la riqueza y la prosperidad te están esquivando.

La solución de la Palabra

Algunos agricultores se dejan llevar durante la época de la cosecha y acaban consumiendo todo lo que han cosechado. Pero en esa cosecha está la semilla para la siguiente, semilla que está destinada a ser plantada entonces, no a ser comida ahora. Todo buen agricultor reserva semilla para la siguiente estación de siembra. El viaje hacia una cosecha lucrativa comienza con la conservación diligente de la semilla.

El siguiente paso para conseguir una cosecha abundante es aclarar y labrar la tierra, y regarla antes de esparcir la semilla conservada para ese fin. Un buen agricultor atenderá cuidadosamente a sus cultivos, arrancará las malas hierbas de su terreno regularmente y abordará el problema de las plagas, ladrones y otras amenazas. Rezará para que haya lluvia y una climatología clemente, factores que están más allá del control humano que pueden hacer que tengan cosecha abundante.

Tu semilla está en el dinero y en otros recursos que poseas. Si lo consumes todo, no tendrás nada que sembrar para una futura cosecha.

Si no guardas nada, podría faltarte en el futuro. Lo que disfrutas hoy es la cosecha de las inversiones de ayer, la semilla sembrada.

Lo que siembras debe guardar relación con lo que tienes (Marcos 12:42-44) y lo que esperas cosechar. Si siembras poco, cosecharás poco; si siembras a lo grande, cosecharás a lo grande (2 Corintios 9:6).

Una vez, regalé mi viejo congelador a la esposa de un ministro de mi parroquia. Menos de un mes después conseguí un nuevo empleo y el regalo de mis nuevos jefes fue un congelador nuevo.

Un factor importante a tener en cuenta es la clase de terreno en el que siembras.

¿Es un terreno que puede devolverte multiplicado por cien? (Marcos 10:29–30). Solo un terreno que cumpla las necesidades del reino de Dios será rentable para tu siembra. Y después de haber sembrado, ¿riegas tus cultivos? Riegas tus cultivos mediante la oración, la evangelización, el culto y el estudio de la Biblia.

¿Y qué hay de arrancar las malas hierbas y controlar las plagas? Eso es como la guerra. Debes ayunar y rezar para eliminar lo que el enemigo planta entre tus cultivos. Toda planta que Dios no haya plantado debe ser arrancada de raíz (Mateo 15:13).

Prepárate para combatir los poderes que se levantan contra tus semillas de beneficios. El beneficio del Reino requiere compromiso, y solo los comprometidos pueden tomarlo por la fuerza (Mateo 11:12).

Veo que se acerca tu cosecha. Bailarás con alegría para celebrarlo.

La solución de la oración

- Padre, ayúdame a no comer nunca mi semilla como fruto, en el nombre de Jesús.
- Padre, enséñame a sembrar una buena semilla correctamente, en el nombre de Jesús.
- Padre, muéstrame la buena tierra digna de mi semilla, en el nombre de Jesús.
- Padre, cuando riegue mis plantas con oraciones, haz que den fruto, en el nombre de Jesús.
- Padre, arranca de raíz todo mal que el enemigo haya sembrado entre mi cultivo, en el nombre de Jesús.

- Padre, venzo a todos los enemigos de mis inversiones divinas, en el nombre de Jesús.
- Padre, haz que toda mi siembra sea productiva, en el nombre de Jesús.

Más que suficiente

Desafíos

- Cuando luchas contra las carencias y la insuficiencia.
- Cuando ansías una cosecha abundante.
- Cuando deseas una provisión abundante de cara a la escasez o la carencia.

La solución de la Palabra

Ningún hombre puede satisfacer nunca todas sus necesidades, siempre tendrá que esforzarse por una cosa u otra. Incluso los ricos tienen necesidades y deseos que no pueden cumplir. Como hombres y mujeres mortales que somos, todos nosotros estamos limitados en tiempo y alcance, así como en la capacidad de encontrar, hacer, poseer y aplicar o mantener los recursos. No así nuestro Creador, que es autosuficiente; la Tierra y todo lo que hay en ella le pertenece (Salmos 24:1) y además puede ordenar que sea cualquier cosa que necesite.

Dios da vida, y la da en abundancia (Juan 10:10). Este atributo impulsa a Dios a dar siempre más de lo que le pedimos. Era una situación de crisis, cuando la multitud necesitaba comida y solo había cinco panes y dos peces, la respuesta de Dios a la plegaria de Su Hijo transformó esa magra ración en abundancia. (Marcos 6:43). Dios te bendice más allá de tus expectativas y necesidades. Si eres fiel en el diezmo, Dios derramará sobre ti una bendición tal que no tendrás espacio suficiente para almacenarla (Malaquías 3:10).

Dios mantiene Sus promesas; está esperando probarse a Sí mismo para ti. Permítele que esté en tu vida porque Él es el Dios de «más que suficiente» en todas las situaciones. Busca una degustación de Sus abundantes bendiciones ahora y tu copa rebosará. Su tubería de desbordantes bendiciones está abierta y funcionando. Búscalo en la oración, conecta con ÉL y recibe Su abundancia. Nuestro Dios honrará tu semilla con abundancia si la siembras en la fe y la santidad; ese es Su camino.

Recientemente, envié a un ministro de Dios el equivalente al importe de tres días de teléfono celular y, tres días después, un protegido mío me envió el equivalente a más de un mes de conexión. Recibí diez veces la semilla que acababa de sembrar.

Ese es Dios para ti.

La solución de la oración

- Padre, muéstrate en mi vida como el Dios todopoderosos, en el nombre de Jesús.
- Padre, muestra en todas las situaciones que eres más que suficiente en mi vida, en el nombre de Jesús.
- Padre, cubre todas mis necesidades más allá de mis expectativas, en el nombre de Jesús.
- Padre, porque te amo, concédeme lo que los ojos no han visto y los oídos no han oído, lo que está más allá de los sueños y la imaginación, en el nombre de Jesús.
- Padre, permite que la abundancia se convierta en una forma de vida para mí, en el nombre de Jesús.
- Padre, porque te honro dándote el diezmo, concédeme tus bendiciones prometidas, tan numerosas que no pueda guardarlas todas, en el nombre de Jesús.
- Padre, que se derrame tu unción sobre mi cabeza, en el nombre de Jesús.

Logro a través de la diligencia

Desafíos

- Cuando tu trabajo no es suficiente y necesitas la intervención divina para sobresalir.

La solución de la Palabra

Todo el mundo desea tener éxito, pero muchos no están preparados para trabajar duro para conseguirlo. Algunos son simplemente perezosos y otros andan desencaminados; creen erróneamente que pueden alcanzar sus logros concentrándose únicamente en ejercicios espirituales claves como la oración y el ayuno, sin hacer nada de trabajo.

Amigo mío, el éxito divino no funciona así. La oración es importante y crucial, pero el éxito requiere un esfuerzo físico y espiritual en igual medida. Dios actúa incluso como Padre e Hijo; Jesús dejó claro ese aspecto (Juan 5:17). Nosotros, que somos Sus discípulos, debemos aplicarnos diligentemente al trabajo. El mundo está establecido en el orden divino de un tiempo para sembrar y un tiempo para cosechar (Génesis 8:22), y nadie debería olvidarlo nunca.

En esta tierra existe la recompensa debida a la laboriosidad. La Biblia afirma que un hombre diligente en su trabajo estará en presencia de reyes (Proverbios 22:29). Dios bendecirá el trabajo de nuestras manos (Deuteronomio 28:12). Pero hoy hay muchos entre nosotros que no tienen medio de ganarse el sustento, pero esperan riquezas y abundancia. ¿Por qué trabajo de sus manos esperan que los bendiga Dios? Uno debe hacer algo, sin importar lo insignificante que sea, antes de que Dios pueda derramar sus bendiciones de cosecha y aumento.

Ve a tu puesto, buen amigo, y trabaja: sé productivo. No puedes estar viendo películas a mediodía e imaginarte de camino al éxito. Simón Pedro trabajó «toda la noche» (Lucas 5:5). Se afanó mientras otros dormían. Dios lo encontró en su puesto en ese encuentro con Jesús y bendijo sobremanera el trabajo de sus manos.

¿Qué estás haciendo que Dios pueda bendecir para hacerte rico? Debes tener una plataforma que muestre tu laboriosidad. ¿Una oficina? ¿Una tienda? Si no puedes lograr un empleo pagado, crea uno. Puedes trabajar desde casa. En realidad, lo que necesitas no es un empleo asalariado, y las búsquedas frustrantes de empleo a veces no llevan a ninguna parte. Necesitas ingresos generados al proveer un servicio o un producto. Piensa en alguna necesidad que haya en tu comunidad que tú puedas satisfacer y que te puedan pagar por proporcionarlo. Lo que necesitas ya está en tu interior. ¿Cuál es tu pasión? ¿Para qué has sido configurado? Levántate y empieza a hacerlo ahora. Acaba con toda dependencia mendiga de productos donados y deja que otros empiecen a depender de ti hoy.

Mi esposa se queja de que he trabajado demasiado toda mi vida, pero a mí me parece que no he trabajado lo bastante duro. Creo que puedo hacer mucho más de lo que estoy haciendo; mi capacidad productiva excede con mucho sus resultados. Debería seguir empujándome a mí mismo a hacerlo mejor porque todavía queda mucho por hacer. Creo que ni siquiera he empezado el viaje al éxito, y mucho menos he llegado allí.

La diligencia y laboriosidad es la clave para alcanzar el éxito con el que todos soñamos. Levántate y empieza y sigue trabajando en ello. Y no te limites a trabajar: asegúrate de trabajar duro por tu éxito y por la gloria de Dios.

La solución de la oración

- Padre, líbrame del espíritu de la pereza, en el nombre de Jesús.
- Padre, enciende el fuego del trabajo duro y la diligencia en mí, en el nombre de Jesús.
- Padre, ayúdame a implicarme y desarrollar el trabajo de mis manos, en el nombre de Jesús.
- Padre, anímame a no rendirme nunca, en el nombre de Jesús.
- Rechazo ser perezoso, en el nombre de Jesús.
- Padre, ponme en contacto con amigos diligentes, en el nombre de Jesús.
- Padre, recompensa mi diligencia con éxito ilimitado, en el nombre de Jesús.

El comienzo de la cosecha

Desafíos

- Cuando deseas crecimiento y gran abundancia.
- Cuando estás frustrado por tus circunstancias humildes y necesitas una salida.

- Cuando has sembrado mucho y necesitas cosechar los frutos de tu trabajo.

La solución de la Palabra

Siempre hay un periodo de gestación entre la época de siembra y la época de cosecha. Los buenos agricultores son pacientes durante la temporada de cultivo. Saben que la siembra y la siega se repetirán indefinidamente (Génesis 8:22). Son personas de gran fe y esperan una cosecha mucho mayor que la semilla que sembraron. Aquellos que siembran en terreno bueno esperan el mejor rendimiento. Jesús se refirió a los grados de buena tierra haciendo notar que algunas dan una cosecha de cien, otras de sesenta y otras de treinta semillas por una (Mateo 13:8). Los agricultores celebran la época de la cosecha; viven según la verdad de la Biblia que dice que aquel que siembra sin duda se regocijará en el momento de la cosecha (Salmos 126:5).

¿Has estado dedicado a oraciones intensas? ¿Tu iglesia ha estado dedicada a la alabanza y devoción intensas en su afán por tener los cielos abiertos? ¿Has estado dando fielmente como ofrenda tus diezmos y primeros frutos? Todo eso cuenta como siembra. Has cargado tu nube y la lluvia está a punto de caer sobre ti. Es la época de tu cosecha y Dios te mostrará que reina en los asuntos de la humanidad. Cosecharás hasta saciarte. ¡Mira los campos!

Se acerca la cosecha (Juan 4:35).

La solución de la oración

- Padre, Señor de la cosecha, ordena que empiece el tiempo de mi cosecha, en el nombre de Jesús.
- Libera para mí cualquier porción de mi cosecha que esté retenida por el enemigo, en el nombre de Jesús.
- Padre, quita a todos los enemigos que bloquean mi cosecha, en el nombre de Jesús.
- Destruyo todas las plagas o malas hierbas espirituales que atacan mi cosecha, en el nombre de Jesús.

- Padre, te ruego que me concedas semilla para plantar en tu reino, en el nombre de Jesús.
- Acelera para mí toda cosecha retrasada de mi granja espiritual, en el nombre de Jesús.
- Padre, no siembro para que otro eche el ojo a mi cosecha y la recoja, así que frustra a los ladrones, en el nombre de Jesús.

Capítulo 6

Cápsulas de victoria

Victoria al fin

Desafíos

- Cuando tu esperado éxito queda abortado repentinamente.
- Cuando tus proyectos y programas fracasan a pesar de todo tu esfuerzo.
- Cuando el fracaso es un suceso frecuente justo cuando estás a punto de obtener el éxito.
- Cuando quieres ser el que ría el último después de una batalla importante.

La solución de la Palabra

Cuando los hijos de Dios se alistan en el glorioso ejército de Cristo, se convierten en objetivos de Satán y sus fuerzas del mal. El ejército del diablo en la tierra comprende fuerzas que la Biblia llama potestades, principados, gobernantes de las tinieblas de este mundo y huestes espirituales de maldad en las regiones celestiales (Efesios 6:12). Este ejército del mal usa agentes humanos en sus ataques malignos contra los soldados de Cristo.

Nuestro Señor Jesucristo es el Príncipe de la Paz. Sus hijos se ven arrastrados a un combate mortal contra el demonio y sus legiones. Aunque no son agresores ni belicistas, deben luchar para no ser tomados cautivos o ser destruidos por el diablo. El maligno brama enfurecido contra ellos sin descanso con su formidable arsenal de enfermedades, maldiciones, flechas de fracaso e incluso muerte prematura. Está en línea con el ministerio que se ha adjudicado a sí mismo para robar, matar y destruir (Juan 10:10).

El ataque de Satán hacia Jesús estaba pensado para terminar con Él como persona y como ser divino, pero todo está dispuesto para el bien de los que aman a Dios (Romanos 8:28). Con Su muerte, Jesús venció a la muerte y a los infiernos por toda la humanidad. Se elevó de entre los muertos y ascendió al cielo venciendo a todos los principados y potestades, y los expuso públicamente (Colosenses 2:15). Jesús logró la victoria. Rio el último y seguirá riendo por toda la eternidad.

Una vez supervisé una parroquia acertadamente llamada Parroquia Victoria al Fin. El centro de devoción era una propiedad alquilada en una zona urbanizada muy elegante. Les tomó a los parroquianos dieciséis años encontrar y comprar un lugar permanente, pero fueron tenaces y lo consiguieron: compraron una parcela de terreno allí y ahora la construcción de la iglesia está completada.

En esa iglesia, una mujer de gran fe de cincuenta y dos años de edad que había sido estéril durante veintisiete años dio a luz a su primer hijo. En esos días, esa congregación fue testigo de numerosas bodas. Victoria al fin ¡Qué nombre tan adecuado para tu propio testimonio venidero!

Jesús es nuestro modelo a seguir. Cualquier cosa por la que estemos atravesando, no está destinada a derrotarnos. Las escrituras declaran enfáticamente que somos más que vencedores (Romanos 8:37). Incluso cuando parece que estamos perdiendo la batalla de nuestras finanzas, nuestros hijos, nuestro matrimonio o incluso nuestra salud, una cosa es segura: ganaremos de largo con Jesús porque Él ha vencido al mundo (Juan 16:33). Venceremos porque Él es más grande que nuestro malvado adversario (1 Juan 4:4).

Te declaro por adelantado vencedor sobre todos tus problemas. Prepárate para celebrar. Entroniza al Señor Jesús y declara tu victoria en Él.

La solución de la oración

- Padre, ayúdame a comprender siempre que soy un soldado de Cristo, en el nombre de Jesús.
- Padre, equípame con armas de guerra espirituales para que pueda luchar y ganar las batallas de la vida, en el nombre de Jesús.

- Padre, Tú eres mi comandante en jefe. No permitas nunca que te desobedezca, en el nombre de Jesús.
- Padre, que ningún acto pecaminoso por comisión u omisión cause jamás mi degradación o mi expulsión del ejército de Cristo, en el nombre de Jesús.
- Padre, mientras lucho en las batallas de la vida, no permitas nunca que me desanime y me dé por vencido, en el nombre de Jesús.
- Padre, fortaléceme para ir de victoria en victoria, en el nombre de Jesús.

Deja que Dios se levante

Desafíos

- Cuando deseas que Dios demuestre Sus grandes poderes en tu favor.
- Cuando los enemigos te rodean y parecen imparables.
- Cuando anhelas la intervención urgente de Dios en tu asunto.

La solución de la Palabra

Los reyes se sientan en el trono y reinan sobre sus súbditos. El cielo es el trono de Dios (Isaías 66:1); Él es el Rey de Reyes, aquel cuyo estrado es la Tierra (Isaías 66:1).

Para que un rey reinante se levante de su trono para lanzar una orden, el asunto que tiene entre manos debe ser extraordinario, crucial. Un rey que se levanta sobre sus pies para emitir una orden demuestra que va a ejercer todo el peso de la ley sobre el asunto en cuestión, completado con toda la majestad, poder y gloria de la casa reinante. A esto es a lo que alude la Biblia en la oración: «¡Levántese Dios, y sean esparcidos sus enemigos!¡Huyan de su presencia quienes lo aborrecen!» (Salmos 68:1). En el momento que Dios se levanta de Su trono, aunque sea sin pronunciar una palabra, todos los enemigos y obstáculos quedan diezmados. Cuando el Señor se levanta por ti, Su gloria se puede contemplar sobre ti (Isaías 60:2).

Rezo para que Dios se levante por ti. Cuando lo hace, Sus enemigos, los que se oponen a ti, se dispersarán y huirán de Su presencia (Salmos

68:1). Su gloria se manifestará sobre ti y se disiparán todas las nubes que ocultan Su gloria en tu vida.

El Rey de Reyes que reina para siempre se levantará por ti, se hará cargo de todos tus problemas como en un contrato y peleará por ti para que tú puedas vivir en paz (Éxodo 14:14). Te veo en el podio de la victoria. Felicitaciones.

La solución de la oración

- Padre, te doy las gracias por levantarte por mí, en el nombre de Jesús.
- Dios, levántate por mi familia ahora y siempre, en el nombre de Jesús.
- Padre, levántate por los verdaderos creyentes que sufren persecución por todas partes, en el nombre de Jesús.
- Padre, levántate en nombre de los desamparados, los destituidos, los que sufren, las viudas, los huérfanos y otras personas que pasan necesidades, en el nombre de Jesús.
- Padre, levántate en nombre de tu iglesia por todo el mundo, en el nombre de Jesús.
- Padre, levántate en nombre de mi país y guíanos a la vida recta, en el nombre de Jesús.
- Padre, en todas las emergencias, te ruego que te levantes y pelees por mí, en el nombre de Jesús.

Vencer a Goliat

Desafíos

- Cuando te enfrentas a obstáculos muy grandes en tu educación, tu carrera profesional, tu negocio u otros objetivos y metas.
- Cuando te sientes intimidado o burlado por una fuerte oposición.
- Cuando tu necesidad de una gran victoria es desesperada.

La solución de la Palabra

Durante cuarenta días, un hombre aterrorizó a Israel (1 Samuel 17:16). Intimidó y se burló de toda una nación, y nadie se enfrentó a él. Cuando el rey Saúl y el pueblo de Israel oyeron sus sonoras bravuconadas, se sintieron descorazonados y muy temerosos (1 Samuel 17:16)

¿Se asemeja esto de alguna forma a tu situación? ¿Tienes un enemigo o un problema tan grande que parece que domina toda tu vida? ¿El problema de salud de un ser querido suena como una sentencia de muerte? ¿Afrontas un desafío financiero o una crisis familiar tan grave que tú y los tuyos sois presa de un miedo terrible? ¿No estás en los mismos apuros que estaban Saúl y sus súbditos, a la sombra del fanfarrón gigante Goliat?

La presencia de Goliat era intimidante; parecía un problema físicamente insuperable que podía acosar a cualquier creyente. ¿Cuál es el Goliat de tu vida? ¿Cuál de tus problemas te ha amedrentado? ¿Qué te hace pensar que no puedes hacer historia? ¿Quién te dice que nunca lograrás grandes hazañas?

Debes vencer a tu Goliat para marcar una diferencia como la que marcó el joven David. Se necesita fe y valentía. David osó hacerle frente cuando otros se acobardaron. Ni siquiera recibió ningún apoyo real cuando dio un paso al frente para pelear contra el gigante. Sus superiores solo le ofrecieron consejo para desanimarlo; todos, incluido el rey Saúl, tenían miedo de la terrorífica figura y las hazañas de su contrincante (1 Samuel 17:33). Anteriormente, David había confiado en la ayuda de Dios para matar un león y un oso, y se enfrentó al jactancioso Goliat en el nombre del Señor Dios de Israel. El resto es historia; David se convirtió en sinónimo de heroísmo.

Hace unos años, tuve un jefe que me tenía aversión por alguna razón desconocida. Era un alto directivo y yo un gerente de una sucursal de poca importancia. Me encontré bajo la pesada carga de una flagrante opresión. Solo podía devolver el ataque con las armas de David, los guijarros que lanzaba a mi atacante a través de la oración. Recé regularmente con Salmos 35:1, pidiéndole a Dios que peleara por mí contra cualquiera que me oprimiera injustamente.

Una noche, durante una visita a mi sucursal, este directivo durmió en la casa de invitados, solo para descubrir a la mañana siguiente que las ratas se habían comido sus zapatos. Si lo necesita, Dios enviará ratas soldado a pelear por ti. No mucho después de ese incidente, dejó el banco y me ascendieron a su puesto.

Tu Goliat está metido en un problema. Tú sigue rezando. Si quieres que Dios sea glorificado a través de ti, enfréntate y vence a tu Goliat. No tengas miedo de él. Confróntalo con fe absoluta y confianza en Dios, el dueño de tu vida y la suya. Ayuda recordar que, mientras David libraba las batallas, Dios peleó por ti en el pasado. Jesús es el mismo ayer, hoy y siempre (Hebreos 13:8). Al igual que David, debes rechazar el miedo y el consejo desalentador. En lugar de eso, comienza a ver la recompensa de llevar a Goliat ante el juicio divino. No temas, ya que el miedo no es de Dios. Prevalecerás contra tu Goliat. Te veo celebrando tu victoria en Cristo.

La solución de la oración

- Que termine ahora toda fuente de reproche en mi vida, en el nombre de Jesús.
- Padre, gracias por las batallas que me ayudaste a luchar y ganar. Te ruego que aceptes mis gracias en el nombre de Jesús.
- Padre, en todas las batallas de mi vida, sé mi propiciador y fortalecedor, en el nombre de Jesús.
- Venzo todos los problemas intimidantes de mi vida por la sangre de Jesús.
- Corto la cabeza a todos los Goliat que amenazan a mi familia, en el nombre de Jesús.
- Que se destruyan todos los bloqueos tambaleantes lanzados contra mis avances en el nombre de Jesús.
- Padre, ayúdame a lograr todas las victorias que deberían anunciarme al mundo, en el nombre de Jesús.

Paralizar a los agentes satánicos

Desafíos

- Cuando los agentes de la maldad son despachados hacia ti.
- Cuando te sientes rodeado por sirvientes del diablo.

La solución de la Palabra

Satán tiene agentes en los brujos, hechiceros y ocultistas. Algunos de ellos podrían vivir bajo tu techo. Pueden ser familiares de sangre o criados de la casa, pero son satélites y estaciones terrestres demoniacas que transmiten datos al diablo mediante conexiones espirituales. La confianza de Satán en estos agentes es total y fundamental, pero, a diferencia de Dios, no es omnipresente. Necesita espiar, vigilar y escuchar a escondidas en su afán por robar, matar y destruir. Debe ir de un lugar a otro recopilando datos de sus compinches y buscando a quién devorar. Si sus agentes están incapacitados, él resulta inoperativo.

Uno de mis versículos favoritos compara dos casas en guerra. La casa de Saúl se debilitaba cada vez más a medida que la casa de David se fortalecía más (2 Samuel 3:1).

Debe haber un debilitamiento drástico de los agentes de Satán que están apostados contra ti. Si no, podrías correr un grave riesgo a causa de las malignas comunicaciones con su señor. Sin embargo, Dios puede luchar por ti contra ellos a petición tuya si estás en buenos términos con Él. Todos tus enemigos caerán junto a sus ayudantes en la lucha contra ti, y Dios se levantará por ti (Isaías 31:1-3). Dios también puede elegir crear enemistad entre ellos, de modo que peleen entre sí (2 Crónicas 20:23).

Otra forma interesante en la que Dios trata con los agentes de Satán es inutilizando sus armas. Desbarata los planes de los astutos y hace que sus proyectos fracasen (Job 5:12). Por eso recibiste disparos en tus sueños, pero las balas no tuvieron ningún efecto. Por eso bebiste veneno dormido o despierto, pero no te causó ningún daño. Dios decretó que no saliera victoriosa ningún arma forjada contra ti (Isaías 54:17).

A no ser que puedas reconocer a los agentes de Satán, te resultará extremadamente difícil, si no imposible, pelear contra ellos y derrotarlos. Necesitas ayuda de Dios porque solo el Espíritu Santo puede exponer a estos espíritus malvados tan llenos de astucia y engaño. Como dije anteriormente, algunos pueden estar viviendo bajo tu propio techo. Otros son compañeros de la oficina y algunos actúan incluso en las iglesias. Satán puede usar a cualquiera que no esté lleno del Espíritu Santo. Por lo tanto, debes ser muy cuidadoso a la hora de elegir tus amigos y socios.

No te unas con los incrédulos en un yugo desigual (2 Corintios 6:14-18). Sé prudente y mantente atento (1 Pedro 5:8) y pon a prueba todos los espíritus (1 Juan 4:1).

Al identificar a cualquier agente de Satán, tu deber espiritual es neutralizarlo mediante la oración efectiva. Nunca se debe ignorar al enemigo ni darle tiempo o espacio para reforzarse. Una serpiente se decapita mejor usando el mejor medio físico; del mismo modo, se debe terminar por la fuerza con una agencia satánica cortando a Satán, la cabeza, de su cuerpo humano poseído. Este es un ejercicio espiritual muy serio que implica oración y ayuno para expulsar el espíritu maligno y liberar al cautivo.

Como discípulo de Cristo, debes rezar, pero evita el error común de pedirle a Dios que destruya a todos tus enemigos humanos. Jesús te ordena que bendigas a los que te maldicen y que reces por los que te persiguen (Mateo 5:44). Deja en manos de Dios a todo agente humano voluntariamente malvado e impenitente, ya que Él sabe cómo tratar con él o ella. Las escrituras nos aseguran que es justo que Dios recompense con sufrimiento a quienes nos hacen sufrir a causa de nuestra fe (2 Tesalonicenses 1:6).

Haz valer tu autoridad física y espiritual concedida por Dios sobre tu entorno de una forma cristiana. En un barco no puede haber dos capitanes. Levántate y brilla. Te veo prevaleciendo sobre los agentes satánicos asignados para atormentarte. ¡Felicitaciones!

La solución de la oración

- Ordeno a todos los agentes de Satán encomendados en mi contra que se alejen de mí y no regresen jamás, en el nombre de Jesús.
- Cierro todas las puertas que abrí a Satán o a sus agentes, consciente o inconscientemente, en el nombre de Jesús.
- Padre, expón a todos los agentes de Satán que fingen ser un amigo, un conocido, un asociado o alguien de ayuda para mí, en el nombre de Jesús.
- Padre, inutiliza todas las armas que inventen Satán y sus agentes contra mí, en el nombre de Jesús.

- Padre, líbrame de todos los ayudantes de mis enemigos, en el nombre de Jesús.
- Neutralizo y desplazo a todos los informantes del diablo sobre mi casa que existen en mi vida, en el nombre de Jesús.

Arrancar las malas hierbas

Desafíos

- Cuando tus enemigos traman algo malvado contra ti.
- Cuando los colegas conspiran contra ti.
- Cuando las personas malvadas siembran la semilla del mal para hundirte.

La solución de la Palabra

Hay plantas buenas y plantas malas, y las malas pueden ahogar o superar en cantidad a las buenas. Las malas hierbas tienden a crecer más rápido que los cultivos. El salmista tenía esa imagen en la cabeza cuando cantó tan proféticamente que el impío podía brotar como la mala hierba y prosperar, pero su final sería la destrucción (Salmos 92:7). Las plantas del mal a menudo son maliciosamente introducidas en una granja, plantadas por un enemigo. Jesús contó la historia del agricultor que, al observar las malas hierbas y la cizaña en su terreno, se lamentó que solo un enemigo podía haberlas plantado (Mateo 13:28).

En muchas vidas de hoy, el diablo y sus agentes plantan semillas del mal, y la enfermedad, la muerte y los accidentes están entre ellas. El robo, el fraude y el hurto son actos del diablo. Los abortos, los abortos naturales, los desafíos de la salud y los problemas maritales son la cizaña del diablo, partes integrales de sus obras maldecidas de robar, matar y destruir (Juan 10:10).

Afortunadamente, hay una solución. Jesús declaró que toda planta que Su Padre celestial no hubiera plantado, debía ser arrancada de raíz (Mateo 15:13). La Palabra de Dios tiene el poder de plantar o arrancar de raíz, el poder de crear o hundir. Jeremías se refirió a este poder cuando declaró que Dios le había llamado para arrancar y plantar (Jeremías 1:10).

Tú también puedes levantarte hoy con la Palabra de Dios. Hazlo y todas las plantas de tu enemigo en tu vida serán arrancadas de raíz, ya sea en tu casa, en tu negocio, en tu iglesia o en otras relaciones. Resuelve tus problemas, deja de tolerar la enfermedad y la destrucción del patrimonio que Dios te ha dado. Ningún agricultor está contento con que las malas hierbas crezcan más que sus cultivos. Es hora de que te pongas en marcha para arrancar las malas hierbas, es hora de recuperar tu gloria perdida. Ponte en disposición de rezar. Ahora.

Hace algún tiempo, regresaba de una vigilia de oración con mi esposa, mis hijos y nuestra criada, la cual llevaba un tiempo comportándose de forma un poco extraña. Cuando llegamos a la verja de entrada a mi casa, se negó a pasar. Señaló atemorizada hacia el tejado y alegó que había un fuego ardiendo allí. Mi esposa y yo no veíamos ningún fuego, pero ninguna palabra lograba calmar a esa joven. Esa noche no pudo dormir y al día siguiente se había marchado. Lo que mi esposa y yo no adivinábamos en ese momento era que estaba actuando en nuestro bien el amor de Dios por nosotros. Estaba haciendo que todos los ojos malvados, incluidos los de nuestra criada, vieran el fuego del Espíritu Santo que protegía a nuestra familia. Es imposible que los brujos y otros agentes demoniacos se sientan cómodos cuando la asombrosa presencia de Dios se manifiesta en forma de fuego. Sucedió de la misma manera todas las noches para los hijos de Israel mientras viajaban a la Tierra Prometida (Éxodo 13:21).

Rezo para que sean arrancadas de raíz todas las malas hierbas que Dios no plantó en tu vida, en el nombre de Jesús. Alza la bandera de la victoria en Cristo. Ordena a todas las enfermedades que salgan de tu vida y de la de tus seres queridos llamando a cada una de ellas por su nombre. Ordena el cese inmediato de abortos espontáneos, crisis matrimoniales, divorcios y separaciones, delincuencia juvenil o desarrollo retrasado, contratiempos en los negocios y cualquier otra aflicción. Ordena que todos los ladrones espirituales sean expuestos a la luz y arrestados.

Para alabanza de Dios, veo todas esas malas hierbas arrancadas totalmente de raíz en tu granja.

La solución de la oración

- Ordeno arrancar de raíz todas las malas hierbas que Dios no plantó en mí ni en los míos, en el nombre de Jesús.
- Padre, frustra toda plantación de maldad en mi familia por parte de mi enemigo, en el nombre de Jesús.
- Padre, pon en mi camino hombres y mujeres de buena voluntad para que podamos sembrar buenas semillas en nuestras vidas, en el nombre de Jesús.
- Arranco de raíz todas las plantas malignas que heredé de mis padres, en el nombre de Jesús.
- Arranco de raíz todas las malas hierbas que están ahogando las plantas buenas de mi vida, en el nombre de Jesús.
- Ordeno que abandone mi cuerpo toda maldad o dolencia, en el nombre de Jesús.
- Cierro todas las puertas a través de las cuales el demonio planta maldad en mi vida y las ordeno que permanezcan cerradas por siempre, en el nombre de Jesús.

Superar las limitaciones de los cimientos

Desafíos

- Si tus padres y otros antepasados tuyos eran adoradores de ídolos.
- Si tienes antecedentes de idolatría o de influencia del demonio.
- Si heredaste un pacto impío.
- Si hay una maldición generacional en tu familia.
- Cuando hay un patrón de fracaso, mala salud o muerte en tu familia.

La solución de la Palabra

Si construyes un edificio de diez plantas sobre unos cimientos calculados para un edificio de cinco plantas, se derrumbará. Jesús nos advirtió contra construir sobre cimientos defectuosos (Mateo 7:24-27). Además, necesitas cimientos fuertes en tu vida si quieres crecer.

Tus cimientos son las raíces de tu familia. ¿Sabes lo suficiente sobre tu padre y tu madre, y sobre sus padres? ¿Cuánto sabes sobre tus antepasados? ¿Alguno de ellos empleó amuletos para asegurar sus relaciones? ¿Tu padre o tu madre consultaron con poderes malignos antes de que fueras concebido? ¿A qué santuario te llevaron cuando naciste? ¿A qué dios te presentaron cuando eras un recién nacido? ¿Hay alguna maldición que tus padres heredaran de tus abuelos? ¿Hay algún rasgo común no deseado o algún patrón maligno en tu familia? Todos estos son problemas en los cimientos que definirán y darán forma en gran medida a tu vida. Podrían limitar tu éxito en la vida, ya que el castigo divino cae sobre las familias perdidas hasta la cuarta generación por los pecados de idolatría (Deuteronomio 5:9).

Para alabanza de Dios, hay una sencilla solución para este problema. Puedes destruir tus malos cimientos y construir unos nuevos hoy. Regocíjate, amigo mío, porque es una tarea que puedes hacer por el poder del Dios viviente. Nuestro Dios ha decretado en Su extraordinaria gracia que Sus hijos no deberían seguir sufriendo por los pecados de sus antepasados (Jeremías 31:29; Ezequiel 18:1-4). El criterio calificador es construir sobre Jesucristo, la Roca de todos los Tiempos. Ningún cimiento debería construirse excepto el de Jesús (Corintios 3:11). Jesús es la Palabra de Dios, el cimiento inamovible que sobrevive y perdura por encima de todo en este mundo. Solo una casa construida sobre la Palabra de Dios soportará la prueba del tiempo. Solo por el poder de la Palabra de Dios se puede resistir al demonio y a las tormentas y problemas que causa. Llorar por tus cimientos no va a borrar sus defectos. Da gracias a Dios por Su Palabra que se hizo carne y nos redimió de toda maldición (Gálatas 3:13-14). Deberán levantarse todos los bloqueos que impiden tu éxito. Reza contra todas las limitaciones de los cimientos.

Una noche hace unos años, soñé que estaba corriendo una carrera contra dos contrincantes. Al principio iba holgadamente en cabeza, pero entonces empecé a bajar la velocidad. Me detuve. Comencé a caminar marcha atrás. Los otros dos corredores me sobrepasaron. Me encontré frente a un ídolo en un santuario de mi pueblo. Cuando desperté, el Espíritu de Dios me envió un versículo de la Biblia, Deuteronomio 5:9, que me explicaba mi sueño. El significado era que aquellos que iban detrás de mí en la vida me estaban sobrepasando debido a la carga de idolatría de mi antepasado. Pasé a la acción inmediatamente, renunciando a todos los pactos que cualquiera de mi linaje hubiera hecho con ese ídolo. Decir que mi vida dio un giro de ciento ochenta grados no mucho después de eso sería un eufemismo.

Amigo, aunque hayas heredado maldiciones ancestrales de pactos o yugos impíos, eres más que un conquistador cuando te apropias de la gracia redentora de la Palabra de Dios (Ezequiel 18:1-4). Toma el control de tu destino, amigo mío. ¡Veo tus cimientos reconstruidos y oiré tu testimonio!

La solución de la oración

- Padre, por tu gracia y misericordia, reconstruye cualquier cimiento que haya construido sobre algo que no sea Jesús, en el nombre de Jesús.
- Renuncio a todo cimiento maligno heredado de mi linaje ancestral, en el nombre de Jesús.
- Rompo todo pacto maligno que mis padres hayan hecho por mí, en el nombre de Jesús.
- Rompo toda maldición que haya fluido hasta mí a través de mi linaje ancestral, en el nombre de Jesús.
- Padre, acaba con todo el sufrimiento que emana de los pecados de mis padres, en el nombre de Jesús.
- Padre, maestro constructor de nuestras vidas y destinos, reconstrúyeme hoy para adaptarme a tu propósito divino, en el nombre de Jesús.
- Elimino toda limitación en los cimientos de mi vida, en el nombre de Jesús.

Superar el consejo maligno

Desafíos

- Cuando las personas se alían contra ti.
- Cuando se lanza contra ti un consejo malévolo.
- Cuando incluso tus benefactores han sido puestos en tu contra.
- Cuando otros conspiran para destruirte o hundirte.
- Cuando se forman contra ti redes satánicas y alianzas malvadas.

La solución de la Palabra

Las conspiraciones son el arma más habitual que usa Satán contra los hijos de Dios. Precediéndolas o alimentándolas está el consejo maligno, y su consecuencia es un ataque del mal. Ningún hijo de Dios es inmune a las bandas demoniacas y los conspiradores. Seguro que conspirarán, pero no con mi ayuda, dijo el Señor (Isaías 54:15). El consejo maligno aspira a intimidar, atrapar y destruir a los hijos de Dios para detener o desbaratar Su obra.

La buena noticia es que Dios asegura a Sus hijos que quien conspire contra ellos caerá (Isaías 54:15). Es tu herencia como siervo del Señor que «no saldrá victoriosa ninguna arma que se forje contra ti. Y tú condenarás a toda lengua que en el juicio se levante contra ti». (Isaías 54:17). La advertencia expresa de Dios a los consejeros malignos es que las conspiraciones contra ti, Su hijo, no surtirán efecto, y que cualquiera que forme parte en ellas será hecho añicos (Isaías 8:8-10).

El factor decisivo es que Dios está contigo. Frustrará las maldiciones y los planes de los malignos. Sus reuniones y consejos serán en vano si Dios está contigo. La Palabra de Dios es enfática: si Él está con nosotros, nadie puede estar contra nosotros (Romanos 8:31).

Amigo mío, ¿cuentas con el respaldo de Dios para afrontar tus pruebas con confianza? Solo una vida en santidad y rectitud puede garantizarte esa confianza. Dios no apoyará a adúlteros, ladrones, mentirosos, tramposos, estafadores, proxenetas, asesinos o personas réprobas de moral. Devuelve cualquier cosa que hayas robado, recompensa a aquellos que has ofendido y regresa a Dios en arrepentimiento. Solo entonces podrás «acercarte confiadamente al trono de la Gracia» (Hebreos 4:16) y ocupar tu puesto de honor como uno de los ungidos del Señor.

Veo a Dios riéndose de cualquiera que esté dando o recibiendo consejo contra ti (Salmos 2:2).

La solución de la oración

- Padre, dispersa a todos aquellos que conspiran contra mí, en el nombre de Jesús.

- Declaro sin efecto el consejo de todos los consejeros malignos contratados contra mí, en el nombre de Jesús.
- Que se hagan añicos todos aquellos que conspiran contra mí, en el nombre de Jesús.
- Padre frustra los planes de los malvados contra mí, en el nombre de Jesús.
- Padre, líbrame de los amigos y compañías malignas, en el nombre de Jesús.
- Padre, no permitas que los malvados tengan éxito en cualquier empresa maligna contra mi familia y contra mí, en el nombre de Jesús.

Lograr una victoria total

Desafíos

- Cuando tu logro es parcial o incompleto.
- Cuando tienes éxito en tu negocio pero fracasas en tu hogar o viceversa.
- Cuando deseas mantener el éxito en todas las esferas de la vida.
- Cuando tu alegría es parodiada con reproches.
- Cuando el enemigo combate contra tu triunfo completo.

La solución de la Palabra

He oído hablar de un directivo de empresa extraordinario que también es un gurú de las grandes recuperaciones. Tomó unas cuantas corporaciones fallidas que estaban a punto de colapsar y les dio la vuelta con un éxito asombroso. Hace unos años, confesó que su éxito había llegado a expensas de su familia. Mientras disfrutaba del éxito en el mundo corporativo, su esposa se divorció de él y su familia se deshizo. Dijo que su mayor arrepentimiento era que no tenía familia con la que retirarse después de su muy celebrado éxito en el mundo corporativo. Esto sucedió porque no había reservado tiempo para su familia mientras perseguía el éxito. Un hombre que tiene éxito en los negocios pero fracasa en casa tiene un éxito incompleto. ¿Tu éxito es absoluto o incompleto? El éxito verdadero es absoluto; Dios quiere que lo tengas completamente.

El diseño de Dios para tu vida en la Tierra es que vivas santamente y lo conozcas, lo sirvas y lo adores, y prepares tu alma para los cielos. Eso es lo que Jesús quería decir cuando declaró: «Por lo tanto, busquen primeramente el reino de Dios y su justicia, y todas estas cosas les serán añadidas» (Matthew 6:33). Dios quiere que tengas éxito y prosperes en todos los ámbitos de la vida. Se complace en tu prosperidad (Salmos 35:27). Jesús se hizo a sí mismo pobre para que tú puedas hacerte rico. Quiere que tú disfrutes de buena salud (Éxodo 15:26), prosperes y tengas buena salud mientras tu alma prospera (3 Juan 2). Esa es una victoria total, un éxito absoluto.

Un hombre rico que siempre está enfermo no puede disfrutar de sus riquezas, y un hombre rico y saludable que vive en pecado y se pierde el Cielo es, por decirlo simplemente, un desastre. No tengas éxito en la iglesia y los negocios, pero fracasos en casa. No tengas éxito en casa y en los negocios, pero fracasos en la iglesia. Dios quiere que tengas éxito en todos los ámbitos de tu vida. No ignores nunca ningún aspecto de tu vida: tu hogar, tu carrera o tu iglesia. Reza y trabaja para conseguirlo todo, revisa tu vida y toma las medidas correctoras oportunas. Pelea de rodillas por el éxito en cada faceta de tu vida. Es una llamada divina a la que ninguno de nosotros deberíamos dejar de prestar atención.

La solución de la oración

- Padre, fortaléceme en todas las áreas de debilidad de mi vida, en el nombre de Jesús.
- Padre, ayúdame a correr esta carrera y acabar bien, en el nombre de Jesús.
- Padre, ayúdame a perseguir y alcanzar el éxito total, en el nombre de Jesús.
- Padre, deniégame cualquier arrepentimiento al final de mi carrera, en el nombre de Jesús.
- Padre bendíceme con buena salud y hazme prosperar, en el nombre de Jesús.

- Padre, elimina todos los obstáculos para obtener mi éxito total, en el nombre de Jesús.
- Padre, perfecciona todo lo que me concierne, en el nombre de Jesús.

Un gran avance por fin

Desafíos

- Cuando consigues menos de lo esperado a pesar de tu gran esfuerzo.
- Cuando presientes una fuerte oposición a tu avance.
- Cuando quieres vencer la resistencia del enemigo a tu progreso.

La solución de la Palabra

El éxito implica ganar batallas. Aguantar el éxito supone derrotar al enemigo permanentemente. Uno de los mayores errores que cometemos es pensar que alcanzar el éxito es algo muy sencillo. Otro error común es subestimar la oposición. Hacer eso me ha dañado muchas veces. Las personas más ingenuas creen que no tienen enemigos. He oído que algunos amigos dicen que nadie podía hacerles daño porque ellos no habían hecho daño a nadie; eso no es más que una ilusión vana y autoengaño. En el mundo real, el hecho de que seas santo y nunca hayas deseado el mal a nadie te convierte en un gran objetivo de Satán, que se opone a los justos. Eso es tan cierto como que la noche sigue al día. Muchas son las aflicciones de los justos (Salmos 34:19), pero la liberación de Dios está asegurada.

Nuestro Señor y Salvador recalcó que una casa dividida no podía mantenerse en pie. Se refería a las fuerzas de Satán y a su sentido de unidad que les impide atacarse entre ellos. El enemigo te ataca deliberadamente a ti y a todo el que no pertenece a su reino. Teme lo que harás por el pueblo de Dios si te haces rico. Sabe que financiarías iglesias, fundarías evangelizaciones y patrocinarías a misioneros, todos ellos programas que despoblarían su reino. Por todo eso, levanta tormentas de oposición contra tus finanzas para detenerte e incapacitarte.

En Génesis 26, los enemigos de Isaac taparon los pozos que él había cavado. Solo después de cavar el tercer pozo ya nadie luchó contra él. Isaac llamó a ese lugar Rejobot: «Ahora el Señor nos ha hecho prosperar, así que fructificaremos en la tierra». (Génesis 26:22). Isaac alcanzó su logro después de dos intentos fallidos.

Todos nos enfrentamos a alguna forma de discordia con el enemigo. Pero, al igual que Dios recompensó a Isaac por su confianza y persistencia, Él te recompensará y tú entrarás en tu propio Rejobot, por muchas veces que lo hayas intentado previamente y hayas fallado.

Bienvenido a tu día de acción de gracias.

La solución de la oración

- Padre, revela todas las estrategias que necesito emplear para alcanzar un avance duradero, en el nombre de Jesús.
- Padre, aumenta todas las semillas de avance que he sembrado, en el nombre de Jesús.
- Padre, equípame y empodérame para alcanzar logros más allá de mis sueños, en el nombre de Jesús.
- Padre, concédeme avances espiritualmente, materialmente y de cualquier otro modo, en el nombre de Jesús.
- Descarto todo poder que esté bloqueando mi avance, en el nombre de Jesús.
- Padre, concédeme la sabiduría para trabajar pacientemente para lograr mi avance, en el nombre de Jesús.

Vencer al enemigo real

Desafíos

- Cuando necesitas una vía de escape de la embestida del enemigo.
- Cuando deseas silenciar a las fuerzas del mal.
- Cuando quieres ser vencedor.

La solución de la Palabra

Recientemente, mi esposa me hizo una pregunta interesante: «¿Por qué los hombres siguen cayendo en los brazos de mujeres seductoras cuando la historia está llena de caídas bien documentadas causadas por esa clase de mujeres?». Mi mujer desde hace veinte años cree que yo tengo las respuestas a todas las preguntas. Le dije que el diablo nunca se presenta con su nombre; de ser así, ningún hombre en sus cabales caería en los brazos de una seductora. El agente secreto que Satán ha equipado y posicionado para derrotar a los siervos de Dios casi nunca aparecería como una mujer de moral ligera; es más probable que parezca recta, santa y visiblemente comprometida con el servicio de Dios, y tal vez hable en muchas lenguas. Solo el Espíritu de Dios puede ayudar a un hombre a discernir un cáliz envenenado.

Tendemos a olvidar lo increíblemente paciente y calculador que puede ser el diablo mientras está quieto esperando a su presa. Dalila siguió trabajando en Sansón hasta que se cansó y bajó la guardia. No en vano las escrituras nos ordenan vigilar y rezar sin cesar.

La mayoría de las mujeres que usa el diablo para derribar a los hombres empiezan abrumando a los hombres con regalos y gestos amables, y con el tiempo se abren camino hasta sus corazones. Eso no es malo en sí mismo. El peligro es cuando el destinatario se deja llevar de tal modo que se olvida de sí mismo. ¿Te extraña que nunca debamos cesar de rezar por nuestros pastores y nuestros líderes espirituales?

El diablo que destruyó a Sansón es el mismo que arruinó a Judas. El mismo mal que ha derribado a poderosos políticos, altos directivos corporativos, pastores influyentes y a algunas estrellas populares del deporte. El diablo no ha renunciado a su malvado ministerio; es un espíritu sin edad más viejo que cualquier humano y, por lo tanto, muy experimentado en usar una u otra cosa para derribar a las personas. Comenzó con sus artes malvadas en tiempos de Adán, cuando engañó a Eva y, a través de ella, al mismo Adán.

Teniendo en cuenta la larga experiencia del diablo en arruinar vidas, ningún ser humano razonable debería enredarse jamás con él. Él hundió a nuestros antepasados. Conoció a todos los de nuestro linaje e hizo todo lo que pudo para tentarlos y destruirlos. Conoce nuestras debilidades y momentos bajos; ve dónde hay una rendija en nuestra armadura. Por eso puede usar a una chica adolescente para hundir a un gran triunfador, aunque sea un gran siervo de Dios.

Amigo mío, sé sabio. Puede que la joven belleza que tienes ante ti solo tenga dieciocho años, pero el diablo de su interior tiene miles de años. Pero puedes vencer los ardides y las embestidas del diablo al ser consciente de tus debilidades, ya sea el orgullo, la codicia por el dinero, un deseo desordenado por el sexo o un ansia desmesurada de poder y posición. Lo más probable es que el diablo te tiente en tus áreas de mayor debilidad.

No te confíes en exceso. La mayoría de las personas a las que derrota el diablo están tan seguros de sí mismos que confían en que nunca pueden caer. Esas personas suponen un reto fascinante para Satán, que se esfuerza especialmente en hundirlos. La Biblia advierte a aquellos que crean estar firmes que tengan cuidado de no caer (1 Corintios 10:12). Hemos de ser prudentes y permanecer vigilantes, porque el enemigo es un león rugiente que se mueve a nuestro alrededor decidiendo a quién devorar (1 Pedro 5:8).

Solo tú puedes decidir a quién pertenece tu vida y quién gobierna tu cuerpo, tu alma y tu espíritu. ¿Es Cristo o es Satán? Te conviertes en el siervo de aquel a quien entregas tu voluntad y tu obediencia (Romanos 8:16). Puedes hacer de tu vida un altar de Dios viviente; el fuego que arde en él nunca se apagará (Levítico 6:13). Ninguna mosca o plaga sobrevive al fuego. Tu cuerpo es el templo del Espíritu Santo (1 Corintios 6:19). Debes mantener tu fuego ardiendo mediante la oración constante, el ayuno periódico, la meditación silenciosa y la fraternidad regular con tus hermanos.

Si has caído en la trampa del diablo a causa de sus tentaciones, comprende que tu momento de liberación está aquí; quien confiese y se arrepienta de sus pecados obtendrá misericordia (Proverbios 28:13). No encubras tus pecados ni intentes justificarlos. En lugar de eso, arrepiéntete y confiésalos; entonces Dios te concederá el perdón, te limpiará de toda culpa y te restaurará a la virtud como si nunca hubieras pecado.

Escribí este libro para todos aquellos que se enfrentan a la tentación, ya sea a través de un hombre, una mujer, la familia, su carrera profesional, su fe o sus finanzas. Al igual que hizo José, resuélvelo para permanecer inmaculado. Huye de todo pecado. La gracia de Dios es suficiente para que superes cualquier tentación y no pierdas el tesoro de tu destino. Confío en mi Dios para que pronto se oiga tu testimonio.

La solución de la oración

- Padre, expón a todos los enemigos que haya en mi vida fingiendo ser amigos, en el nombre de Jesús.
- Padre concédeme la gracia para superar las trampas del diablo, en el nombre de Jesús.
- Padre, ayúdame a vencer toda debilidad que haya en mi vida, en el nombre de Jesús.
- Padre, ayúdame a ser prudente y vigilante en todo momento, en el nombre de Jesús.
- Padre, impide que dé ningún paso que pudiera hacerme caer en el pecado, en el nombre de Jesús.
- Padre, ayúdame a mantener vivo en mi vida el fuego del Espíritu Santo, en el nombre de Jesús.
- Padre, líbrame de cualquier trampa en la que haya caído, en el nombre de Jesús.

Victoria sobre la batalla de la vida

Desafíos

- Cuando anhelas conocer las claves de la victoria.
- Cuando estás decidido a no fracasar nunca.
- Cuando estás desanimado por derrotas previas y necesitas recargarte.

La solución de la Palabra

La vida está llena de batallas. Alguien dijo en broma que los recién nacidos lloran porque pueden ver las batallas que afrontarán en la vida. Ni siquiera los recién nacidos se libran de la lucha por la supervivencia.

A medida que crecen los niños, asumen cada vez más responsabilidad en su supervivencia. Cada etapa de la vida tiene sus batallas particulares que debemos librar por nosotros mismos. Si se pierde la batalla de la salud, ocurre la muerte. Perder la batalla para obtener una buena educación provoca problemas, no solo para un individuo sino para toda la sociedad. Los adultos pelean en batallas por el empleo, progresión profesional, matrimonio, partos, paternidad, etc. La derrota en esas batallas supone dolor, sufrimiento y frustración. Sin fe, todos caemos en nuestras batallas presos de la frustración y la tentación.

La vida nos enfrenta en una lucha constante contra males encarnados en seres humanos, comunidades e instituciones. Luchamos sin descanso contra espíritus, en nuestra casa y en todas partes. «Todos los que nacemos de una mujer vivimos muy poco y sufrimos demasiado». (Job 14:1). El hombre nace para el dolor (Job 5:7).

Entonces, ¿cómo ganamos esta miríada de batallas? La respuesta se encuentra en una segunda pregunta: ¿Quién te respalda? Quien te respalde determinará si ganarás las batallas de la vida. «Que si Dios está a nuestro favor, nadie podrá estar en contra de nosotros». (Romanos 8:31). El respaldo de Dios es tu única garantía de éxito. Da igual lo poderosas que sean las tormentas de oposición, tú estás en casa y seco si Dios está contigo. Él prometió luchar contra aquellos que pelean contra ti (Éxodo 14:4).

Él prometió confundir a tus enemigos y hacer que perezcan. Él prometió sostenerte con Su mano derecha de rectitud (Isaías 41:10-13).

Hace muchos años, trabajé en ventas para una pequeña empresa. Se alegó que yo era uno de los que estaban hundiendo la empresa. El jefe estaba bajo una enorme presión por el desempeño desde la junta de dirección e intentaba desviar la atención por los malos resultados hacia su personal, así que muy pronto me fueron asignados unos objetivos imposibles de cumplir o me despedirían. El día antes de despedirme, hubo un cambio en la dirección y surgió un nuevo CEO. Al final, el día que iba a ser despedido recibí una promoción. Dios, que peleó por mí, también peleará tus batallas por ti.

No puedes ganar las batallas de la vida sin el respaldo divino. No asumas vanamente que Dios te respalda; confirma y reconfirma tu posición con Cristo realizando un examen espiritual. Si tu escaneo espiritual no muestra que estás libre de manchas, arrugas y defectos, clama al Dios de Israel; Él te ayudará en el día de la angustia (Salmos 50:15).

Con Dios a tu lado, nunca perderás ninguna batalla clave de la vida.

La solución de la oración

- Padre, ayúdame a ser prudente y vigilante en todo momento, en el nombre de Jesús.
- Padre que no deje nunca que se apague el fuego de mi altar, en el nombre de Jesús.
- Padre, aunque estoy legítimamente cautivo del diablo por mi pecado y transgresión consciente de Tus Mandamientos, te ruego que me liberes en el nombre de Jesús.
- Padre, que no haga yo nada que dé espacio al diablo, en el nombre de Jesús.
- Padre, que no me convierta en mi propio enemigo al descuidar Tu Palabra o desobedecerte, en el nombre de Jesús.
- Padre, enciende en mí el hambre por Tu Palabra y fortaléceme para rezar, en el nombre de Jesús.

El poder de las alabanzas

Desafíos

- Cuando crees que la oración y el ayuno te han fallado.
- Cuando anhelas la presencia de Dios, pero sientes que se te ha negado.
- Cuando deseas desesperadamente entrar al salón del trono de Dios.
- Cuando necesitas a Dios como Señor de los Ejércitos para que pelee por ti.

La solución de la Palabra

Uno puede rezar de forma equivocada, pero uno nunca puede alabar de forma equivocada. El único alimento que requiere Dios es la alabanza. Los veinticuatro ancianos y los ángeles del cielo adoran a Dios día y noche (Apocalipsis 4:10-11).

Para entrar en la corte de Dios, debes ofrecerle alabanzas (Salmos

100:4). Hay un poder ilimitado en la alabanza a Dios. Cuando Pablo y Silas estuvieron encerrados en prisión, Dios intervino en su favor cuando le ofrecieron alabanzas (Hechos 16:25). Cuando los israelitas se enfrentaron a tres fuerzas aliadas, clamaron a Dios en oración, pero Dios en esencia les ordenó que, en lugar de eso, organizaran una sesión de alabanza a Él. Así lo hicieron, y Dios intervino en la batalla (2 Crónicas 20:17-24).

Nada conmueve tanto a Dios como las alabanzas de Su pueblo. Si deseas la intervención directa y manifiesta de Dios en tus asuntos, debes alabarlo. Dios es siempre fiel; ÉL vive de las alabanzas de Su pueblo (Salmos 22:3).

¿Has pasado alguna vez una noche dedicada exclusivamente a alabar a Dios? Él está esperando tener esa clase de reunión contigo. Veo a Dios interviniendo directamente en tu situación.

Probablemente hayas oído una historia que el pastor Adeboye relató en numerosas ocasiones acerca de una pareja recién casada que entró en la sacristía con el ministro oficiante para firmar el registro de matrimonio. La congregación estaba cantando gozosamente, esperando a que los recién casados fueran presentados a la iglesia. Sin que ellos lo supieran, el novio se había desmayado en la sacristía y sucedió lo increíble: murió. La desconsolada novia entró en estado de shock y la congregación se quedó en la incertidumbre, desconociendo la triste noticia que les aguardaba. Los pastores rezaron todo tipo de oraciones, pero todo en vano. Sin embargo, alguien recordó las enseñanzas del pastor Adeboye sobre la efectividad de la alabanza incluso en las circunstancias más desesperadas. En el momento que el grupo de oración comenzó a alabar a Dios, el cuerpo sin vida estornudó, y rápidamente el aturdido novio se puso en pie.

Si la oración no te ha funcionado, te ruego que lo intentes con la alabanza.

La solución de la oración

- Padre, permite que Tu alabanza esté siempre en mi boca, en el nombre de Jesús.
- Padre, concédeme canciones abundantes para alabarte todos los días, en el nombre de Jesús.
- Padre, vísteme con ropajes de alabanza, en el nombre de Jesús.

- Padre, vincúlame con Tu coro celestial siempre que quiera alabarte, en el nombre de Jesús.
- Padre, cada vez que te alabo, manifiesta Tu presencia, en el nombre de Jesús.
- Padre, mientras te alabo hoy, te ruego que intervengas directamente en todos los asuntos que me preocupan, en el nombre de Jesús.

Emplea ahora al menos treinta minutos a alabar a Dios. ¿Puedes hacerlo todos los días de ahora en adelante? Como resultado, tu vida será por siempre dulce.

Ganar con el Espíritu

Desafíos

- Cuando los esfuerzos físicos te fallan.
- Cuando los ayudantes humanos te dejan en la estacada y la familia y los amigos no pueden ayudar.
- Cuando buscas resultados más allá de lo ordinario para asombrar a los que se burlan de ti.

La solución de la Palabra

Cuando David ofendió a Dios, su mayor preocupación era su posible alejamiento del Espíritu Santo. Le suplicó a Dios: «¡No quites de mí Tu Santo Espíritu!» (Salmos 51:11). David sabía que estaría muerto sin el Espíritu Santo. Sabía que perdería todas las batallas de la vida sin la ayuda del Espíritu Santo. Sabía que había caído como consecuencia de su pecado contra Dios, pero, lo que era aún peor, sabía que, si perdía el Espíritu Santo, ese sería su triste final.

Un oscuro muchacho esclavo se convirtió en el primer ministro de Egipto debido a una observación pagana del rey de que el Espíritu de Dios habitaba en ese chiquillo (Génesis 41:38). Ese mismo Espíritu, el Espíritu de la excelencia, distinguió más adelante a otro joven, Daniel, y a sus hermanos en Babilonia (Daniel 6:3).

No podemos ganar las batallas de la vida sin el Espíritu Santo. Estaríamos caminando desnudos, una receta segura para el fracaso más desastroso. La lujuria de la carne vencerá a las defensas más fuertes del hombre carnal. Solo el Espíritu de Dios puede empoderarnos para alcanzar la gloria; la Biblia es tajante en este aspecto: «Vivan según el Espíritu, y no satisfagan los deseos de la carne» (Gálatas 5:16).

Jesús no hizo nada en Su vida sin la ayuda del Espíritu Santo. La madre de Jesús lo concibió por el poder del Espíritu Santo (Lucas 1:35). En Su bautismo en el río Jordán, el Espíritu Santo descansó sobre Él (Mateo 4:1). Creció en el Espíritu (Lucas 2:40). Fue conducido por el Espíritu de Dios al desierto para ser tentado por el diablo (Marcos 1:12). Después de eso, el Espíritu Santo le anunció por toda la región (Lucas 4:14). Realizó todos Sus milagros por el Espíritu Santo (Hechos 10:38). Fue resucitado por el Espíritu Santo (Romanos 8:11). Incluso pidió a Sus apóstoles que no predicaran hasta que recibieran el Espíritu Santo (Hechos 1:8). Si Jesús no podía actuar sin el Espíritu Santo, y si nos ordenó que no saliéramos sin Él, ¿cómo puede nadie tener éxito sin el Espíritu Santo? Las batallas de la vida son espirituales; la batalla que libramos no es contra gente de carne y hueso (Efesios 6:12) y nuestras armas de guerra no son carnales.

Antes de ser bautizado en el Espíritu Santo, pensaba que estudiar la Biblia era una tarea hercúlea. El Antiguo Testamento en particular era como un plomizo libro de historia con esas largas genealogías y pasajes aburridos. Pero después de ser bautizado en el Espíritu Santo, la divina iluminación vino a mí en la Palabra de Dios: cada versículo que leía me abría los ojos, y aún lo hace. La oración y el ayuno, que solían parecerme un trabajo duro y un castigo, no solo se han vuelto sencillos, sino placenteros.

Nadie debería librar las numerosas batallas de la vida sin asegurarse el respaldo del Espíritu Santo. Quien quiera aprender los secretos de la vida, debe aprender del Espíritu Santo, nuestro maestro en los cielos (Juan 14:26). Todo el que se encuentre en una situación difícil debe acudir al Espíritu Santo, nuestro Consolador (Juan 16:7). La vida es una batalla que no podemos ganar sin el Espíritu Santo.

Si quieres llenarte del Espíritu Santo, vive una vida santa, porque el Espíritu es santo. Si buscas el bautismo del Espíritu (Juan 7:37), te llenarás hasta rebosar.

La solución de la oración

- Padre, perdóname por intentar pelear yo solo en carne las batallas de la vida, en el nombre de Jesús.
- Padre, bautízame de nuevo con el Espíritu Santo, en el nombre de Jesús.
- Padre, te he decepcionado muchas veces, pero no apartes al Espíritu Santo de mí, en el nombre de Jesús.
- Padre, distíngueme en todo lo que hago mediante tu Espíritu Santo, en el nombre de Jesús.
- Espíritu Santo, empodérame para luchar las batallas de la vida, en el nombre de Jesús.
- Padre, permíteme crecer diariamente como hizo Jesús en el Espíritu, en el nombre de Jesús.
- Espíritu Santo, conviértete en mi sabio compañero en todo lo que hago, en el nombre de Jesús.

El poder de los decretos

Desafíos

- Cuando buscas la intervención de Dios en tu situación.
- Cuando deseas una resolución rápida a tus problemas.
- Cuando el peligro es tan inminente que mañana parece demasiado tarde.

La solución de la Palabra

Los decretos son órdenes absolutas e irreversibles emitidas por las autoridades soberanas; los reyes y monarcas emiten decretos que deben ser obedecidos por todos sus súbditos. En general, los decretos no están sujetos a negociación o debate. En Esdras 1, el rey Ciro emitió un decreto por el cual se debía permitir a los judíos abandonar su reino y obligaba a todos sus ciudadanos a ayudar a los que se marchaban con regalos de dinero. Todos tenían que cumplirlo, fueran los que fueran sus sentimientos sobre el asunto.

En el libro de Ester, el rey Asuero emitió un decreto ofensivo para la exterminación de los judíos. Todo el asunto fue instigado por el malvado cortesano Amán. La amenazada comunidad judía no tenía otra opción que rezar por la intervención divina.

¿Te das cuenta de que eres un rey? (Apocalipsis 5:10). ¿Sabes que puedes mediante tu decreto emitir un aviso para que desaparezcan la enfermedad y otras aflicciones, y deben obedecer? ¿Sabes que puedes emitir un decreto contra la pobreza, la esterilidad o el fracaso crónico para que te abandonen? En Cristo tienes poder soberano sobre el diablo y sus agentes, a los cuales la Biblia llama serpientes y escorpiones. Nuestro Señor Jesús te ha dado a ti, Su discípulo, poder sobre esas fuerzas (Lucas 10:19). Decretarás una cosa y así será (Job 22:28).

El diablo y sus agentes nunca prestarán atención a tus súplicas emocionales para que deje en paz a tu alma afligida. Las batallas de los reinos no se ganan con un trato de guante blanco, sino por la violencia de las acciones de la fe. No llores más por problemas de enfermedades o problemas maritales. Deja de quejarte por fracasos en los negocios. Levántate y gobierna sobre los problemas de tu vida con decretos inspirados en la fe después de haber localizado las promesas de Dios en las escrituras relativas a tus situaciones de aflicción. Asegúrate de estar a la altura de esas promesas y emite todos tus decretos en el nombre exaltado de Jesús. Él es el Rey de Reyes, y con la sola mención de Su nombre todas las rodillas deberían hincarse.

La solución de la oración

- Padre, ayúdame a comprender y poner en buen uso el gran poder con el que me has investido, en el nombre de Jesús.
- Me niego a estar abajo. Desde el día de hoy estaré arriba, en el nombre de Jesús.
- Decreto la total liberación para todos los miembros de mi familia, en el nombre de Jesús.
- Rechazo el fracaso; decreto el éxito en todos mis proyectos, en el nombre de Jesús.
- Rechazo la derrota; decreto la victoria sobre toda oposición a mi destino, en el nombre de Jesús.

- Rechazo la enfermedad; decreto la salud divina en todas las partes de mi cuerpo, en el nombre de Jesús.

Pelea por tu herencia

Desafíos

- Cuando tus logros en áreas clave de la vida están por debajo de los conseguidos por tus iguales a pesar de tus mejores esfuerzos.
- Cuando te rindes demasiado fácilmente.
- Cuando pierdes fácilmente la concentración, el empuje o el interés.
- Cuando tú trabajas, pero otros cosechan.

La solución de la Palabra

Todos esperamos heredar algo bueno de nuestros padres: propiedades, dinero u otras pertenencias de valor. También puede ser posición o estatus social, político o religioso. Las personas pueden dejar herencias a sus hijos (Proverbios 13:22), pero sus hijos tienen que dar ciertos pasos para hacerse con su herencia. Un primer paso importante es saber que les han dejado una herencia y en qué consiste exactamente. A muchos les han robado su herencia porque no tenían información detallada de qué había en los testamentos de sus padres fallecidos.

¿Sabes que tienes una herencia en Abraham? «Las bendiciones de Abraham son mías» es un himno frecuente en los servicios de la iglesia. ¿Eres uno de los muchos que lo cantan sin pensar o con una comprensión básica de los derechos y obligaciones de su pacto? Algunas reflexiones de las escrituras, como Génesis 22:16-18 y Gálatas 3:7-14 podrían ser de bastante ayuda.

Un segundo paso para hacerte con tu herencia es ir a por ella, ya que esta no va a venir a buscarte. Esto podría implicar una pelea seria en algunos casos.

Cuando siete de las doce tribus de Israel aún no habían tomado posesión (Josué 18:3), Josué los acusó severamente: «¿Cuánto más se van a tardar para tomar posesión de la tierra que el Señor, el Dios de nuestros padres, les ha entregado?» Las palabras de Josué fueron una llamada a sus paisanos para que se levantaran y lucharan por su herencia territorial de Abraham.

¿Te enfrentas hoy a la privación? Levántate y pelea. Ejerce tu autoridad y niégate a aceptar una posición inferior. Insiste en tu derecho a prosperar como hijo del pacto de Abraham. Insiste en la victoria sobre tus enemigos. Es tu derecho por herencia.

Una vez, un primo mío fue a un servicio de liberación y puso en él una buena cantidad de oración y ayuno. En una visión nocturna, vio varias casas y automóviles. Se suponía que todos eran suyos, pero inexplicablemente estaban bajo llave en un almacén. Recibió el mensaje y tuvo que rezar fervientemente para que se abrieran las puertas del almacén y pudiera tomar los objetos a los que tenía derecho. No mucho tiempo después adquirió su primera casa. Hoy es indiscutiblemente uno de mis conocidos más ricos.

Sin embargo, hay una cosa: quien busque la herencia de Abraham, lo debe hacer con las manos limpias y en santidad. Un pecador no puede heredar la bendición de Abraham. La Biblia es inequívoca a ese respecto: «Pero en el monte de Sion habrá un remanente que se salve; será un remanente santo, y la casa de Jacob recuperará sus posesiones» (Abdías 1:17).

Ve hoy a por tu herencia a la espera de las bendiciones del pacto. En la espera está tu testimonio.

La solución de la oración

- Tomo ahora posesión de mi herencia de Abraham, en el nombre de Jesús.
- Padre, ábreme los ojos para ver mi herencia como hijo de Abraham e hijo tuyo, en el nombre de Jesús.
- Que me suelte y se aleje toda fuerza que contienda contra mi herencia en el nombre de Jesús
- Que me suelte y sea rechazada toda fuerza que contienda contra mi herencia, en el nombre de Jesús.
- Padre, bloquea cualquier pecado de mi vida que me esté impidiendo tomar posesión de mis posesiones, en el nombre de Jesús.
- Abre y libera todas las puertas cerradas contra mi herencia, en el nombre de Jesús.

Capítulo 7

Cápsulas para puertas abiertas

El poder de las oraciones

Desafíos

- Cuando tienes necesidad, pero no sabes cómo satisfacerla.
- Cuando quieres la intervención rápida de Dios para la solución de tus problemas.
- Cuando estás cansado de las murmuraciones y las quejas.
- Cuando tus desafíos están más allá de las agencias y profesionales humanos (médicos, abogados, banqueros, etc.).

La solución de la Palabra

La oración es un llamamiento, una petición a alguien con autoridad para que te conceda un favor. La oración es una súplica para la intervención, y rezar a Dios es un privilegio de los creyentes que entienden que Dios no interviene en los asuntos humanos, excepto y hasta que no rezan. Jesús nos enseñó cómo rezar (Lucas 11:1-13), y Él rezó con regularidad; de ahí la orden bíblica que dice que deberíamos rezar sin cesar (1 Tesalonicenses 5:17).

El desafío al que se enfrentan la mayoría de las personas es su predisposición a quejarse en lugar de a rezar. La mayoría de las personas murmuran en lugar de hacer su petición a Dios todopoderoso. Los hijos de Israel eran así cuando estaban en el desierto: murmuraban sin cesar en lugar de hablar a su Dios en la oración. Dios estaba tan enfadado con ellos que permitió que tuvieran que enfrentarse a fieras serpientes durante una estación (Números 21:5-6).

¿Cuáles son los desafíos que enfrentas hoy? ¿Cuántos de ellos has presentado ante Dios en oración? Aunque la respuesta esté por llegar, ¿has seguido llamando a las puertas del cielo o te has sometido dócilmente a la derrota? Jesús dice que debemos insistir en la oración hasta que Dios conteste. Como verdaderos creyentes, debemos buscar hasta que encontremos, pedir hasta que recibamos y llamar hasta que se abra la puerta (Mateo 7:7). Esa clase de insistencia a veces puede conllevar despertarse en medio de la noche para rezar. Jesús rezó toda la noche en el huerto de Getsemaní, con el sudor brotando de Su cuerpo como gruesas gotas de sangre.

Cuando enfrentas problemas difíciles, levántate y reza por la noche. A veces es necesario añadir un poco de ayuno a la oración. De una forma u otra, abandona el lamento estéril y las quejas inútiles sobre tus problemas. Deja de retransmitir tus desgracias a otros, porque ellos tienen sus propios problemas. Presenta tus problemas a Jesús en tu oración. Está esperando para liberarte.

La solución de la oración

- Padre, me arrepiento de todas mis murmuraciones y quejas pasadas. Te ruego que me muestres misericordia y perdones mi falta de fe, en el nombre de Jesús.
- Padre, decido desde hoy no volver a derramar lágrimas ante nadie; únicamente te suplicaré a ti, en el nombre de Jesús.
- Padre, enséñame en tu misericordia cómo rezar en el nombre de Jesús.
- Padre, mientras te rezo, abre los cielos y derrama sobre mí tus bendiciones, en el nombre de Jesús.
- Padre, impide cualquier cosa que pueda causar oraciones no respondidas, en el nombre de Jesús.
- Padre, concédeme la gracia de la oración continua y sin descanso, en el nombre de Jesús.

- Padre, ayúdame a dar testimonio de las oraciones respondidas, en el nombre de Jesús.

Puertas abiertas

Desafíos

- Cuando los contratiempos y las decepciones son más la regla que la excepción.
- Cuando sufres rechazo y daño no merecido.
- Cuando se te deniega cualquier cosa que se te debe por justicia.
- Cuando no se te concede una oportunidad justa de exponer tu caso.
- Cuando una oportunidad que está abierta para todos se cierra cuando es tu turno.

La solución de la Palabra

Las cosas de valor normalmente se guardan tras puertas cerradas con llave para asegurarlas frente a robos u otros peligros. El nivel de seguridad y acceso depende de su valor. Jesús se describió a sí mismo como la puerta (Juan 10:9) y la única forma de llegar al Padre. Esto significa que nadie en la Tierra puede tener acceso a las riquezas de Dios a no ser que Jesús les conceda ese acceso.

Hay una puerta para todas las cosas de la creación. El cielo mismo tiene puertas (Salmos 78:23), los mares tienen puertas (Job 38:8) e incluso la muerte tiene una puerta (Job 38:17). Jesucristo se reveló a la humanidad como el único y solo poseedor de la llave de David, que puede abrir y cerrar cualquier puerta (Apocalipsis 3:7-8). Solo Él puede abrir las puertas a bendiciones y favores, y solo Él puede cerrar las puertas de la muerte y el fracaso a quien Él desee.

Es posible que se abra una puerta de gracia en el reino del espíritu; sin embargo, Satán puede obstaculizar la entrada de los humanos. El apóstol Pablo experimentó esa situación tan lamentable. Escribió que, aunque una puerta grande y efectiva estaba abierta para él, había muchos adversarios (1 Corintios 16:9). La buena noticia para los hijos de Dios es que Jesús es el

Señor de los Ejércitos y la cabeza de todas sus principalidades y poderes. Clama a Él hoy. Él se levantará en tu nombre y dispersará a todos los contendientes contra las puertas que Él ha abierto para ti.

Sea cual sea tu desafío, llama diciendo Su nombre y todas las puertas que quieres tener abiertas se abrirán. La oración es equivalente a llamar a la puerta. Llama y se abrirá para ti (Mateo 7:7). El Espíritu Santo abrió la puerta de la tumba de Jesús con un terremoto. El mismo Espíritu abrirá todas las puertas que guardan bendiciones y están cerradas en tu vida.

La solución de la oración

- Padre, abre todas las puertas beneficiosas que el enemigo me ha cerrado, en el nombre de Jesús.
- Padre cierra todas las puertas malignas que el mal ha abierto para atacarnos a mi familia y a mí, en el nombre de Jesús.
- Padre, dame la llave maestra de la puerta de la victoria total, en el nombre de Jesús.
- Padre, abre los cielos sobre mí hoy, en el nombre de Jesús.
- Señor Jesús, Tú eres la puerta. Concédeme acceso a las riquezas celestiales, y que Tu nombre sea glorificado, amén.
- Ordeno que todas las agencias satánicas que están bloqueando mis puertas abiertas sean arrestadas y detenidas ahora, en el nombre de Jesús.

Desbaratar la conspiración

Desafíos

- Cuando colegas y familiares forman alianzas malignas contra ti.
- Cuando los enemigos de tu hogar se manifiestan contra ti.

La solución de la Palabra

El mayor error que puedes cometer es pensar que todo el mundo te ama. La verdad es que, cuanto más éxito tengas, más aumentan tus odiadores conocidos y desconocidos. En la misma línea, cuanto más te acerques a

Dios, más aumentarán tus enemigos espirituales. Una táctica que usa el enemigo para pelear contra los creyentes es la conspiración, la reunión de fuerzas satánicas para luchar contra los hijos de Dios. Los malvados conspiran para golpear, para encontrar el mejor momento y lugar para hacerlo y para desplegar las armas más letales.

La buena noticia para todos los hijos de Dios es que Él conoce esta y todas las demás tácticas del demonio, y ha preparado las defensas adecuadas para ellas. Dios advierte enfáticamente que los malvados conspirarán contra ustedes, Sus muy amados hijos. Sin embargo, deja muy claro que no tienen ni Su mandato ni Su aprobación para hacerlo, y que su alianza maligna caerá por tu bien (Isaías 54:15). No impide que los malvados conspiren contra ti, pero, hagan lo que hagan, su consejo no tendrá éxito y serán derrotados (Isaías 8:8-10).

No pierdas el sueño por las conspiraciones del enemigo, porque aquellos que lo hacen están perdiendo su tiempo y energía. Todos sus planes contra ti se quedarán en nada si simplemente clamas a Dios. Sus ejércitos serán desperdigados. Es posible que hayan venido de una sola dirección, pero huirán por siete direcciones distintas. Entonces atravesarás pacíficamente la puerta del testimonio que Dios ha abierto para ti.

La solución de la oración

- Que toda alianza satánica contra mí se desbande ahora, en el nombre de Jesús.
- Que se hagan añicos todas las redes de brujería contra mi vida, en el nombre de Jesús.
- Que se destruya toda conspiración satánica contra mi alma, en el nombre de Jesús.
- Padre, que las fuerzas del mal que luchan contra mí se vuelvan las unas contra las otras y no prosperen nunca, en el nombre de Jesús.
- Padre, destruye todos los altares malignos que ayudan o son cómplices en la lucha contra mi alma, en el nombre de Jesús.
- Padre, elévate y condena al fracaso más absoluto a cualquier banda maligna orquestada contra mi servicio a ti y a toda la humanidad, en el nombre de Jesús.

Cielos abiertos

Desafíos

- Cuando las bendiciones no vienen hacia ti.
- Cuando tus plegarias permanecen sin respuesta.
- Cuando te sientes frustrado y estresado, y te preguntas si estás bajo los efectos de una maldición.

La solución de la Palabra

Dios está en el cielo, y la tierra es Su estrado (Isaías 66:1). Su presencia está en todo y en todas partes, pero Él tiene un trono y un palacio.

Ningún rey reina sin un palacio. Dios es el Rey de Reyes que gobierna desde el cielo sobre toda Su creación. Si Él decide cerrar el cielo, no habría lluvia en la tierra (Apocalipsis 11:6). Puede elegir cerrar las puertas o las ventanas, o puede hacer un cierre completo.

La mano de Dios se mueve para abrir los cielos mediante los actos de adoración de Sus fieles siervos de esta tierra. El rey Salomón conmovió al cielo y a su gloria visible ofreciendo extraordinarias ofrendas y alabanzas asombrosas a Dios (2 Crónicas 5:7-14). Como creyente, tú también puedes hacer lo mismo dando fielmente el diezmo; tus sacrificios aceptables abren el cielo para derramar un aguacero de bendiciones (Malaquías 3:10).

Los cielos se abrieron para Jesús cuando fue bautizado (Mateo 3:16). La implicación obvia es que el cielo es selectivo en lo relativo a para quién se abre. Puede abrirse a una persona y cerrarse para otra que esté a su lado.

El secreto de la oración respondida es el cielo abierto. Cruza las puertas del Señor dando gracias y entra en su corte con alabanzas (Salmos 100:4, 95:2). Con Su presencia te llena de alegría, y estando a su lado serás siempre dichoso (Salmos 16:11). Ese es otro nombre para los cielos abiertos.

¿Estás abrumado por la carga de las oraciones sin respuesta? ¿Es posible que tus cielos estén cerrados? ¿Has considerado perderte en una buena adoración colectiva? Ve a adorar a Dios durante siete días seguidos y dale gracias por todo lo que Él ha hecho por ti hasta ahora. Ya has pedido suficiente. Dios no está sordo. Cambia tu abordaje. Da alabanzas. Conmueve a Dios para que abra los cielos. Alábalo. Hazlo con el mismo nivel de energía con el que rezas. En lugar de noches de oración en vigilia, participa en noches de alabanza y adoración en vigilia.

Te veo dando testimonio de oraciones respondidas. Bienvenido a los cielos abiertos.

La solución de la oración

- Padre, si mis pecados han provocado que los cielos se me cierren, te ruego que me perdones por Tu gracia y misericordia, en el nombre de Jesús.
- Ustedes, nubes del mal que me bloquean los cielos, que los vientos de Dios las lleven lejos, en el nombre de Jesús.
- Padre, te ruego que abras los cielos sobre mí y sobre mi familia, y que nos concedas por siempre Tu plenitud de alegría y regocijo, en el nombre de Jesús.
- Padre, que nunca más me esfuerce bajo los cielos cerrados a mí, en el nombre de Jesús.

Levántate y pelea

Desafíos

- Cuando te sientes derrotado o resentido.
- Cuando has soportado una larga opresión.
- Cuando te sientes estancado en un lugar y deseas mudarte a otro sitio.

La solución de la Palabra

Se enseña a los creyentes a que sean muy tolerantes y pacientes. Se enseña que el largo sufrimiento es una gran virtud y se anima a todos los cristianos a aprender a esperar en el Señor. Hay recompensas prometidas en las escrituras para la paciencia en la espera de la hora señalada por Dios.

Aquellos que esperan en el Señor renovarán sus fuerzas (Isaías 40:31). Generalmente, las promesas de Dios se hacen esperar, lo que en ocasiones es la forma de Dios de poner a prueba la fe de los creyentes. Esperar en Dios y Su promesa es, por lo tanto, una sólida doctrina bíblica que no se debe menospreciar.

Pero la Biblia nunca nos dijo que esperásemos en el diablo. La Biblia nunca nos enseñó a ejercitar el largo sufrimiento en favor de los demonios que nos atacan. Nunca debemos ser pacientes con el diablo o sus agentes, y no debemos confundir esperar en el diablo con esperar en Dios.

Muchas cosas que le pides a Dios son liberadas con prontitud desde el cielo, pero Satán y sus agentes las bloquean para que no te lleguen. Eso es lo que le sucedió a Daniel, que tuvo que esperar veintiún días para recibir los bienes que Dios le había enviado rápidamente el día que comenzó su oración para conseguirlos (Daniel 10:12-13).

El diablo los estaba bloqueando, y fue necesaria una batalla dura para derrotarlo. ¿Cuánto más rápido habría sido el envío si Daniel hubiera rezado con conocimiento?

El enemigo espiritual de la humanidad es muy testarudo. Obstaculiza e intenta confiscar tu bendición, y nunca la libera sin una dura batalla. Deja de molestar a Dios por el milagro que ya te ha enviado y empieza a combatir al diablo para que suelte lo que ha robado o bloqueado.

Dios te dio poder sobre el diablo (Lucas 10:19), levántate y usa ese poder hoy. No seas agradable y considerado con un ladrón al que has pillado con las manos en la masa. David persiguió y venció a los amalecitas y recuperó todo lo que le habían robado (1 Samuel 30:1-18). Si te persiguen los carros del faraón, el mar Rojo no les mostrará ninguna misericordia (Éxodo).

Estoy cansado de creyentes pusilánimes. Me enfado por los cristianos que suplican a Satán que los deje tranquilos. Estoy cansado de oír a creyentes contar historias de fuertes zarandeos por el diablo y creen que es su cruz. Me enfado con los creyentes que molestan sin cesar a Dios con problemas para los que Dios los ha empoderado completamente, de forma que puedan manejarlo por sí mismos. Quiero ver creyentes fuertes y activos (Daniel 11:32), cristianos viviendo en dominio (Génesis 1:26) y con el diablo bajo sus pies (Romanos 16:20).

Debes alistarte en ese grupo. Levántate y pelea. Organiza hoy una vigilia familiar. Decreta una nueva oportunidad en la vida para tu familia y para ti en el poderoso nombre de Jesús. Mantente firme en ese decreto y se hará realidad. Nada se mueve de verdad hasta que alguien lo mueve. Sé esa persona. Haz que ocurran las cosas. Desafía al verdadero enemigo. Pelea por tu milagro. El momento es ahora.

La solución de la oración

- Que todos los problemas sin resolver desde hace mucho tiempo en mi vida se resuelvan ahora, en el nombre de Jesús.
- Que escape de cualquier faraón que esté intentando manipular mi destino o que este se ahogue en el mar Rojo, en el nombre de Jesús.
- Que se destruya todo altar que esté introduciendo el mal en mi familia, en el nombre de Jesús.
- Padre, expón y deshonra a todos los sacerdotes satánicos que están ayudando o incitando crisis contra mí, en el nombre de Jesús.
- Padre, al igual que el faraón y su ejército se ahogaron en su inútil persecución de tus hijos, que le suceda lo mismo a cualquier poder que me persiga o que actúe para impedir mi progreso, en el nombre de Jesús.
- Padre, líbrame del cautiverio de los espíritus malignos, en el nombre de Jesús.
- Que todos los enemigos que estén interviniendo en mis bendiciones y milagros los suelten ahora, en el nombre de Jesús.

Nuevas puertas abiertas

Desafíos

- Cuando quieres una carrera o una oportunidad de negocio nueva.
- Cuando quieres una nueva oportunidad en la vida.
- Cuando tu situación actual parece un callejón sin salida.
- Cuando debes hacer un movimiento que te cambiará la vida.

La solución de la Palabra

Una nueva puerta en este contexto es una puerta que no existía previamente, una nueva oportunidad de acceder a una necesidad o un deseo. También puede ser una oportunidad de cambiar de estatus que no existía antes. Piensa en José en el Egipto de los faraones (Génesis 41:41). Antes y después de él, no existía el cargo de primer ministro en esa tierra; ese puesto fue creado para él. Esa es una nueva puerta creada divinamente para un hombre que estaba languideciendo en prisión antes del glorioso día en que se presentó ante el faraón.

Dios siempre hará nuevas cosas. Abrirá un camino en el desierto (Isaías 43:18-19). En el desierto no hay ni carreteras seguras ni senderos claros, pero Dios hará uno para ti en tu hora de necesidad, un camino de seguridad en tiempos de crisis y confusión. Siempre abre nuevas puertas para Sus confiados hijos, de forma que pueden seguir marchando hacia su destino.

Traspasarás una nueva puerta que está hecha solo para ti. Confía en Dios para que te ayude a atravesar ese desierto. Es posible que estés sufriendo un encarcelamiento injusto en este momento, pero tu Dios no desconoce tu situación. Aún tiene tu destino en sus gráficos, y creará esa nueva puerta tan necesitada que te permitirá llegar allí.

La solución de la oración

- Que se cierren todas las puertas que están trayendo pena y sufrimiento a mi vida, en el nombre de Jesús.
- Padre, abre para mí y mi familia una nueva puerta de bendiciones, en el nombre de Jesús.
- Padre, abre una puerta para mí que nunca se haya abierto para nadie más, en el nombre de Jesús.
- Padre, abre una puerta para mí para llevar tu evangelio al mundo, en el nombre de Jesús.
- Padre, abre para mí una nueva puerta de profecía, en el nombre de Jesús.
- Padre, elimina todos los adversarios de mis puertas abiertas, en el nombre de Jesús.

Orden divina

Desafíos

- Cuando necesitas un milagro, pero te preguntas qué quiere Dios que hagas para conseguirlo.
- Cuando te preguntes por qué Dios favorece a algunas personas con órdenes explícitas.
- Cuando te preguntas por qué algunas órdenes divinas parecen ridículas.

La solución de la Palabra

Casi siempre, el milagro de Dios para alguien viene precedido por Su orden pensada para beneficiar a la persona a quien se lo concede. Para hacer de Abraham un gran hombre, Dios le ordenó que fuera a una tierra que Él le mostraría. Abraham obedeció. El resto es historia.

Isaac siguió el ejemplo de su padre y obedeció la voluntad divina cuando acató la orden de Dios de no abandonar Gerar, un lugar que al principio no le favoreció. El resultado de su obediencia fue una recompensa divina: Dios le hizo prosperar en ese país. Adquirió riqueza que lo convirtió en la envidia y el temor de todos (Génesis 26:1-15). En la boda de Caná, Jesús dijo a los bodegueros que llenaran cántaros con agua y sirvieran su contenido. Por muy ridículo que les pareciera a los bodegueros, el mejor vino fluyó de los cántaros. En Lucas 17:11-19, Jesús sanó a diez leprosos solo pidiéndoles que se presentaran ante el sacerdote. Así lo hicieron y fueron limpiados.

Tu problema sigue sin resolverse porque aún no has recibido una solución divina para él. Escucha y obedece las instrucciones de Dios que resolverán el problema. Es posible que Dios ya te haya hablado. Tal vez lo hayas olvidado, quizás ni siquiera te diste cuenta o es posible que nunca lo oyeras. Pídeselo de nuevo. Él te responderá y te mostrará una profundidad de revelación que no podrías haber imaginado (Jeremías 33:3).

Hace algún tiempo, Dios me ordenó en una visión que solicitara un empleo en cierto banco de gran tamaño. Lo solicité como me había ordenado, pero un banco distinto, mucho más pequeño, respondió a mi carta y me llamó para una entrevista. No tenía ni idea de que los bancos estuvieran relacionados. Conseguí un empleo en el banco pequeño y, cinco años después, este fue adquirido por el banco que había solicitado inicialmente. Dios conoce el mañana. Sabía que no había ninguna vacante en el banco grande en ese momento, pero me hizo solicitar empleo allí porque sabía que la adquisición tendría lugar en cinco años; Él me preparó para un puesto en el banco grande.

En el momento que oigas la orden de Dios, obedécela. Al hacerlo te harás merecedor de un milagro grandioso. Pide gracia para obedecer la orden de Dios.

Tu milagro ya está llamando a tu puerta.

La solución de la oración

- Padre, ayúdame a oír y reconocer tus instrucciones divinas, en el nombre de Jesús.
- Padre, concédeme la gracia de obedecer tus directivas sin demora, en el nombre de Jesús.
- Padre, hazme saber qué necesito hacer para ser quien Tú me hiciste ser, en el nombre de Jesús.
- Padre, ayúdame a dejar de hacer cualquier cosa que esté haciendo y que vaya en contra de tus instrucciones, en el nombre de Jesús.
- Padre, que nunca deseche o ignore ninguna instrucción Tuya y tampoco la tache de ridícula, en el nombre de Jesús.
- Palabra, te ruego que me recuerdes cualquier palabra que me hayas dado y que yo haya olvidado, en el nombre de Jesús.

Abre las puertas de la prisión

Desafíos

- Cuando en un sueño te ves a ti mismo bajo arresto o detenido.
- Cuando en un sueño te ves a ti mismo siendo juzgado por un tribunal.
- Cuando te descubres moviéndote en círculos.
- Cuando el patrón de tu vida consiste en subidas y caídas.

La solución de la Palabra

Tal vez esto te asombre, pero muchas personas que ves todos los días son prisioneras. Algunos están esposados de verdad y llevan cadenas en los pies. La única razón por la que los barrotes de hierro y sus grilletes no son visibles a simple vista es porque su encarcelamiento fue ordenado y efectuado más allá del reino físico. Es un acto de maldad ejecutado en el reino de lo sobrenatural. Es el reino espiritual quien controla el reino físico, un hecho desconocido para muchos.

Para acercarte más esta revelación, ¿te has visto a ti mismo alguna vez en un sueño siendo arrestado por la policía? ¿Has soñado alguna vez que compareces ante un juez sin un abogado a tu lado y oyes cómo leen los cargos de los que te acusan? ¿Has soñado alguna vez que estabas encerrado en una habitación sin forma de escapar?

Muchos desecharían estos sueños con un gesto de su mano, pero no han leído la Biblia o no aprecian la gracia de Dios que habla a Su pueblo a través de los sueños en estos últimos días (Joel 2:28). Es desafortunado que no todos aquellos a los que Dios habla le oigan o escuchen. También es trágico que no todos los que oyen sean capaces de entender o estén dispuestos a obedecer.

Tal vez tú seas uno de esos que se mueve en círculos por culpa de un encarcelamiento espiritual. No estás haciendo ningún progreso en la vida porque los altos muros de tu prisión espiritual no permiten ni el progreso ni la libertad. Estás enjaulado, incapaz de liberarte. Pero tu situación no es tan desesperada como crees. Puedes elegir cómo responder al desafío. ¿Te conformarás con tu suerte como prisionero o desearás liberarte este mismo minuto? ¿Te tumbarás y no harás nada o actuarás como Pablo y Silas, que se elevaron a la altura de su desafío? (Hechos 16:25). Los dos hombres rezaron y cantaron alabanzas a Dios, y Él los liberó de la prisión. La liberación de la prisión física o espiritual es el deseo de Dios para todos. Jesús vino a este mundo para liberar a los cautivos (Lucas 4:18; Isaías 61:1).

Bajo el encarcelamiento, ¿puedes prosperar o hacer algún negocio rentable siquiera? Si estás esposado, ¿cómo puedes recibir nada? Tu estado físico es solo una manifestación del orden establecido en el reino del Espíritu.

No puedes alcanzar tu destino si permaneces en prisión. No puedes alcanzar el empleo de tu elección o aspirar a una carrera profesional que merezca la pena mientras estás prisionero. José el soñador estaba indefenso en prisión, pero fuera de ella, se transformó en una figura totalmente distinta. Se convirtió en primer ministro, se casó, concibió hijos y llevó a su padre y a su familia a Egipto. Incluso ejecutó un plan que ayudó a todo el mundo a sobrevivir a una terrorífica hambruna de siete años.

¡Clama a Dios ahora! Alábalo siguiendo el valioso ejemplo de Pablo y Silas. Veo cómo se rompen tus cadenas y grilletes. Veo cómo se abren las puertas de tu prisión. Te veo saliendo de prisión y cumpliendo tu destino. Alaba un poco más al Señor.

La solución de la oración

- Que todos los juicios satánicos contra mí se anulen ahora, en el nombre de Jesús.
- Que se aparten ahora todas las acusaciones malignas levantadas contra mí, en el nombre de Jesús.
- Que me libere ahora de cualquier poder espiritual que me mantiene en prisión, en el nombre de Jesús.
- Que se rompan ahora todas las cadenas o esposas que me mantienen atado, en el nombre de Jesús.
- Que se revierta todo el mal que hay en mi vida, en el nombre de Jesús.
- Padre, concédeme gracia para comprender e interpretar los sueños correctamente, en el nombre de Jesús.
- Padre, libéranos a mi familia y a mí de la prisión espiritual, en el nombre de Jesús.

Vencer al pecado

Desafíos

- Cuando vives una vida de pecado que deseas detener sinceramente.
- Cuando sigues fracasando en tus esfuerzos por vivir una vida santa.

- Cuando el pecado es una esclavitud de la que te sientes incapaz de escapar.
- Cuando sigues regresando a tu pecado habitual y no sabes por qué.

La solución de la Palabra

El pecado es la desobediencia a la Palabra de Dios. El diablo no tiene poder sobre los verdaderos cristianos. El único enemigo es el pecado. Abre la puerta y empodera al diablo para entrar y hacer lo que desee. El pecado hace que los cristianos pierdan la gracia divina que los protege de las armas de Satán. El pecado hace que Dios aparte Su rostro de ellos. Les trae destrucción y aflicciones terribles. David reconoció que estaba afligido porque se había descarriado (Salmos 119:67).

El pecado podría costarte todas las cosas buenas de la vida. Atrae maldiciones incluso de Dios (Deuteronomio 28:15-68). Un desafío muy importante está manteniendo el pecado fuera de tu vida. Algunos han permitido que el pecado se convierta en su dueño. Pero la compañía de Jesús hace que sea imposible pecar. El poder sobre el pecado está disponible para nosotros solo cuando comemos, bebemos y vivimos en Jesús. Él fue herido por nuestros pecados (Isaías 53:5). Él compró nuestro pecado recibiendo una paliza por nosotros. Él lo asumió. Él ocupó nuestro puesto en el patíbulo. Él murió por nuestros pecados.

Jesús es la Luz y la Verdad. El pecado es una mentira de Satán, el padre de las mentiras y el príncipe de la oscuridad. Si tienes a Jesús, tienes la verdad y la luz de Dios residiendo permanentemente en ti, y así no pecarás. Jesús es vida (Juan 14:6). Si tienes la vida de Dios, no puedes pecar. Él es el camino (Juan 14:6), y cualquiera que viva en pecado ha perdido el camino. Camina con Jesús y no perderás el camino. El pecado está en el mundo, pero Jesús en ti es más grande que el poder del pecado (1 Juan 4:4).

Tal vez tu pregunta sea cómo puede vivir Jesús en ti. La respuesta depende de ti porque Jesús es la Palabra de Dios que se hizo carne (Juan 1:1-14). Esa misma Palabra es espíritu y vida (Juan 6:63), y está escrita en la Biblia para que la leas, la memorices, medites en ella, la internalices y vivas según ella.

Empieza hoy. Lee la Biblia y enriquece tu mente con la Palabra de Dios. Llénate de ella y el Espíritu de Jesús cobrará vida en ti. Bautízate por el Espíritu de Dios y aprenderás a vivir en el Espíritu y a oír y obedecer las instrucciones de Dios. Comenzarás a caminar según el Espíritu y vencerás los deseos de la carne (Gálatas 5:16-21). El Espíritu de Dios habitará en ti y te dará Su poder para controlar tus pensamientos, palabras y acciones.

Busca el completo bautismo del Espíritu Santo. Arrojarás a la basura la vida sin valor de la carne, darás un paso adelante hacia la vida en plenitud en el Espíritu, vencerás al pecado y te convertirás en recipiente de bendiciones. Dios confirmará todas las palabras que dices en su nombre con señales y maravillas. Decretarás cosas en rectitud y ocurrirán.

La solución de la oración

- Padre, concédeme una gracia especial para vivir en santidad todos los días, en el nombre de Jesús.
- Padre, libérame de cualquier tipo de atadura al pecado, en el nombre de Jesús.
- Padre, ocúltame en tu lugar secreto, en el nombre de Jesús.
- Padre, ayúdame a distinguir todas las trampas y tentaciones, en el nombre de Jesús.
- Padre, fortaléceme para vencer las tentaciones, en el nombre de Jesús.
- Padre, Tú eres la luz verdadera. Brilla siempre en mí, en el nombre de Jesús.
- Padre, Tú eres vida y espíritu; vive en mí y permíteme controlar mis pensamientos, palabras y acciones, en el nombre de Jesús.

Secretos de las oraciones respondidas

Desafíos

- Cuando deseas desesperadamente respuestas a tus oraciones.
- Cuando te sientes atormentado por las plegarias sin respuesta.

La solución de la Palabra

Algunas oraciones no producen respuesta. Algunas se dicen de forma errónea y otras provienen de los motivos equivocados o de corazones impuros. Muchas personas rezan rutinariamente, pero apenas se preocupan de descubrir por qué sus oraciones no son respondidas. Ciertos hechos sobre rezar a Dios no pueden ignorarse. Dios es Espíritu, y aquellos que lo adoran y le rezan deben hacerlo en espíritu. Dios no oye a los pecadores (Juan 9:31). A los ojos de Dios, los sacrificios de los malvados son una abominación (Proverbios 21:27). Si no estás en buenos términos con Dios, ¿qué derecho tienes a esperar o exigir que Él te ayude? ¿Por qué esperas que Dios responda a tus oraciones cuando no estás a bien con Él? Dios dejó claro que no escucharía tus oraciones si le desobedeces (Isaías 59:2). Entonces, ¿cómo esperas que conteste cuando no las ha escuchado? Advirtió que, si no respondes cuando Él te llama, reirá cuando tengas problemas (Proverbios 1:2).

Primero reconcíliate con Dios mediante el arrepentimiento auténtico y la confesión del pecado. En caso contrario, tus oraciones son una pérdida de tiempo y esfuerzo. No pueden elevarse más allá del tejado.

La mayoría de nosotros a menudo bombardeamos el cielo con nuestras oraciones antes de confesar nuestros pecados. Es posible que seamos guerreros de la oración que alimentan rencores contra otros. Una persona podría cometer adulterio el día antes de rezar, y tal vez otra haya cometido un fraude en el trabajo, y sin embargo espera que sus oraciones sean respondidas.

Dios tiene Sus principios. Él es soberano. Él hizo las reglas y debemos seguirlas, ya que es simplemente imposible engañarlo. Dios no puede ser burlado (Gálatas 6:7).

Leemos en el Antiguo Testamento que el sacerdote no podía entrar en la parte más sagrada del sagrado tabernáculo a no ser que ofreciera un sacrificio aceptable para limpiarse con la sangre de un cordero (Hebreos 9:6-9). Limpiarse era necesario para obtener la gracia. Ese principio no ha cambiado. La única diferencia en el Nuevo Testamento es el Cordero de Dios, cuya sangre inmaculada y libre de culpa fue derramada una vez y para siempre para el perdón de los pecados. El Hijo de Dios se ofreció a Sí mismo en la cruz como redención de toda la humanidad. Con Su derramamiento de sangre, ahora podemos entrar audazmente en lo más sagrado de lo sagrado, habiendo obtenido misericordia gracias al lavado y el perdón de nuestros pecados confesados (Proverbios 28:13).

Es posible que tengas que reorganizar tu patrón de oración. Primero haz las paces con Dios antes de empezar a soltar tus peticiones en tu oración. Primero pide misericordia, confiesa tus pecados y tu indignidad. Sé humilde de espíritu y Dios te mostrará misericordia y puertas abiertas en respuesta a tus oraciones.

Que Dios te muestre las profundidades de Su misericordia hoy y siempre.

La solución de la oración

- Padre, mi pecado me pesa; te ruego que me muestres tu misericordia y perdones mi pecado, en el nombre de Jesús.
- Padre, por la sangre de Jesús, limpia mis faltas y borra el registro de pecado que hay contra mí, en el nombre de Jesús.
- Padre, cuando rezo de forma equivocada, te ruego que lo deseches y me corrijas, en el nombre de Jesús.
- Padre, te ruego que respondas a todas las plegarias que rezo cumpliendo Tu voluntad, en el nombre de Jesús.
- Padre, ayúdame a rezar en santidad en todo momento, en el nombre de Jesús.
- Padre, muéstrame misericordia todos los días, en el nombre de Jesús.
- Padre, guía mis pensamientos y oraciones, en el nombre de Jesús.

El poder de la misericordia de Dios

Desafíos

- Cuando necesitas el perdón total de Dios.
- Cuando quieres que Dios te promocione y te bendiga.
- Cuando deseas el favor de Dios a pesar de tus faltas.
- Cuando necesitas la atención divina.

La solución de la Palabra

Uno de los principios eternos de Dios es el castigo que reserva para el pecado. Adán y Eva obtuvieron el suyo en el jardín del Edén, cuando desobedecieron Su único mandato. Dios le dejó claro a Moisés que los israelitas debían elegir entre obedecer Sus leyes y recibir Sus bendiciones, o romperlas y cosechar Sus maldiciones (Deuteronomio 30:19).

Siempre que los israelitas desobedecieron a Dios adorando a ídolos, fueron castigados. En casos extremos, Dios llegó a entregarlos a sus enemigos mortales. Dios es justo y recto; por eso, el castigo que impone por cualquier ofensa es adecuado. A veces, debido a Su infinita misericordia, el castigo es menor que el merecido, pero tal gracia divina no invalida Su absoluto desagrado por el pecado. La pena por el pecado es muerte (Romanos 6:23). David fue un hombre con Dios en el corazón, pero ni siquiera él pudo escapar completamente al juicio de Dios por sus pecados.

Algunos se han preguntado por qué hoy el pecado no parece ser castigado inmediatamente. La respuesta es simple: la misericordia de Dios. Dios se complace en mostrar misericordia (Miqueas 7:21), y es gracias a la misericordia de Dios que no hemos sido consumidos (Lamentaciones 3:22). La crucifixión de nuestro Señor Jesucristo fue un momento definitorio para la redención de los pecados de toda la humanidad. Introdujo la gracia final de Dios, ya que fue el sacrificio perfecto. En las palabras sucintas de la Biblia, la misericordia vino a través de Jesús (Juan 1:11). La sangre de Jesús ofrece misericordia. Cuando suplicamos el perdón de nuestros pecados, la sangre de Jesús habla de misericordia en nuestro nombre ante el trono de Dios; es el factor que refrena la ira de Dios cuando la provocan nuestros pecados. Si confesamos y renunciamos a nuestro pecado, obtendremos misericordia (Proverbios 28:13).

Pero la gracia divina nunca debe darse por sentada (Romanos 6:1) ni se debe abusar de ella. Dios es un padre amoroso que quiere que tú, Su hijo extraviado, regrese a casa. Necesita que abandones tus modos pecaminosos y supliques la misericordia que Él ofrece libremente. Aprovéchala como hijo legítimo Suyo, sé sabio y reconcíliate con Él, tu Padre. Bienvenido a la extraordinaria misericordia de Dios.

La solución de la oración

- Padre, muéstrame tu misericordia en todos los lugares a los que vaya, en el nombre de Jesús.

- Padre, no permitas nunca que Tus gracias se agoten en mí, en el nombre de Jesús.
- Padre, muéstrame la misericordia que le mostraste a David, en el nombre de Jesús.
- Padre, sáname en tu misericordia de toda enfermedad o defecto, en el nombre de Jesús.
- Padre, agrégame a las filas de tus elegidos y altamente favorecidos, aquellos a los que siempre muestras misericordia, en el nombre de Jesús.
- Padre, que nunca pierda tu misericordia ni abuse de ella o dé por hecho que siempre la tendré, en el nombre de Jesús.
- Padre, ten misericordia de mis cimientos y borra para siempre los pecados de mis padres y mis antepasados, en el nombre de Jesús.

Superar la ignorancia

Desafíos

- Cuando tienes de verdad sed de conocimiento.
- Cuando estás harto de la ignorancia.
- Cuando anhelas tener confianza en ti mismo y no sentir miedo.

La solución de la Palabra

La ignorancia es peor que el cáncer. Es una enfermedad terrible, una de las más letales. A veces, es indistinguible de la estupidez extrema. La ignorancia no es únicamente no saber qué hacer o cómo hacer lo correcto, la ignorancia es un estado de vida medio vacía. Una persona ignorante puede ser llevada fácilmente al matadero, e incluso es posible que coloque felizmente, aunque involuntariamente, su cabeza sobre el patíbulo. Una persona ignorante es un desastre a punto de ocurrir. Es fácilmente controlado y manipulado incluso por sus subordinados. Dios detesta la ignorancia. Está descontento con sus consecuencias: el fallecimiento (Oseas 4:6) y la cautividad (Isaías 5:13) de Su pueblo.

La falta de conocimiento ha dado lugar a graves errores y, en última instancia, a muertes. Algunos cristianos no conocen sus derechos y privilegios en Cristo. No son conscientes de los poderes que les han sido conferidos para hacer cautivos a sus captores (Apocalipsis 13:10). Algunos han acudido desesperados a consultar con falsos sacerdotes y falsos profetas. Por ese error han caído cautivos del diablo y han sido oprimidos, poseídos u obsesionados.

La única solución a la ignorancia es el conocimiento: «A los justos los salva la sabiduría» (Proverbios 11:9). La sabiduría te salva y el conocimiento te libera. El conocimiento de la Palabra de Dios es poder. Los seres humanos deberían vivir solo de la Palabra de Dios (Mateo 4:4), que es vida en sí misma (Juan 6:63). Estudia y medita la Biblia si quieres adquirir conocimiento sobre los derechos de tu pacto.

Al leer la Biblia, descubrirás lo que cientos de millones antes que tú han llegado a saber. Es una fuente inagotable de agua de vida que sacia toda la sed humana. Busca en las escrituras, porque en ellas encontrarás vida. Lee libros y escritos de siervos ungidos de Dios. Asiste a actos de hermandad cristiana. Ayuna y reza, y pide a Dios que te revele conocimiento. Deja de caminar en la ignorancia. Te convertirás en cabeza y ya nunca más serás cola.

La solución de la oración

- Padre, pon en mi interior hambre y sed de tu Palabra, en el nombre de Jesús.
- Padre, te ruego que me perdones cualquier cosa que haya hecho mal por ignorancia, y concédeme por tu misericordia que eso no defina el resto de mi vida, en el nombre de Jesús.
- Padre, no permitas que me eche a perder por falta de conocimiento, en el nombre de Jesús.
- Padre, enséñame a buscar lo correcto y a adquirir conocimiento de Ti, en el nombre de Jesús.
- Que perezca toda semilla de ignorancia en mi familia, en el nombre de Jesús.
- Padre, ponme en contacto con recipientes humanos rebosantes del conocimiento correcto, en el nombre de Jesús.
- Padre, haz de mi un mensajero fiel y un canal de conocimiento divino, en el nombre de Jesús.

El poder de las oraciones efectivas

Desafíos

- Cuando necesitas un resurgimiento de tu vida de oración.
- Cuando te sientes frustrado e incapaz de rezar.
- Cuando sientes que tus plegarias no han producido respuestas reales.
- Cuando te preguntas cómo rezar para recibir resultados.

La solución de la Palabra

Hay más poder en la oración que en todos los arsenales nucleares del mundo. Su poder es ilimitado. Desgraciadamente, demasiados creyentes no se toman la oración muy en serio. Algunos se limitan a jugar con ella. Otros son propensos a reemplazarla con diversos ejercicios espirituales, como ayunar, alabar, dar el diezmo, el estudio de la Biblia o la meditación. Todos estos ejercicios espirituales son herramientas excelentes y poderosas, un sello distintivo de una buena vida cristiana. Son necesarios y beneficiosos, como lo son la asistencia regular a la iglesia y la fraternidad con los hermanos cristianos (el hierro afila el hierro). Pero nada puede sustituir a la oración.

Una canción de iglesia muy popular nos recuerda que Jesús comenzó y acabó con oración. Su ministerio terrenal comenzó con oración y ayuno en el desierto. Ese asombroso ministerio finalizó con una vigilia de oración durante toda la noche en el huerto de Getsemaní. Pero, incluso mientras moría colgado en la cruz, rezó a Dios para que perdonara a sus asesinos, que no sabían lo que hacían.

Todos los discípulos de Jesús deben seguir el ejemplo del Maestro. Los cuatro evangelios dan testimonio de que Jesús vivió una vida de oración activa y regular. Se levantaba temprano cada día antes del amanecer para rezar en un lugar tranquilo (Marcos 1:35).

Rezar a Dios es tan importante que Jesús se esforzó mucho en enseñar a Sus discípulos cómo rezar. Nos ordenó que siguiéramos Su patrón de oración, y que lo hiciéramos con perseverancia y determinación (Mateo 7:7).

Todos necesitamos mejorar nuestra actitud y disposición hacia la oración. ¡Se acabaron las oraciones casuales! Algunos rezan con las manos en los bolsillos, como si estuvieran charlando con sus amigos. Otros se entretienen con el teléfono celular mientras rezan. Se dejan llevar por todo tipo de distracciones cuando están en medio del acto de rezar, con los ojos vagando al rededor y las mentes atraídas por vanidades físicas como mirar la ropa de los demás. Algunos se quedan dormidos y roncan. Si no te complacerías en actos tan descorteses mientras hablas con otra persona a la que respetas, ¿por qué tratas a Dios de ese modo?

La oración es una petición a Dios, y la intensidad de tu oración indica lo desesperado que estás para conmover a Dios y que te responda tan rápido como sea posible. Recuerda la súplica del ciego Bartimeo y los diez leprosos que se acercaron a Jesús clamando por su misericordia. Si deseas que Dios intervenga en tu situación, ¿por qué murmuras unas cuantas oraciones durante unos minutos y esperas resultados radicales? Jesús pidió a los apóstoles que rezaran con Él durante al menos una hora.

La oración ferviente y efectiva de un hombre recto llega muy lejos (Santiago 5:16). Si quieres que tu oración sirva de mucho, pon fervor en ella y vive una vida recta. Es una combinación de virtudes que garantiza que producirá los mejores resultados para ti. Amigo mío, restaura tu altar derruido de oración.

La solución de la oración

- No sé cómo rezar; Padre, por Tu Espíritu, enséñame cómo rezar, en el nombre de Jesús.
- Padre, despiértame del adormecimiento y la complacencia. Ayúdame a revivir mi vida de oración, en el nombre de Jesús.
- Señor Jesús, al igual que rezaste por Simón Pedro, te ruego que reces por mí para que no me aleje de ti.
- Padre, Job rezó por otros y se acabó su cautiverio. Enséñame cómo rezar oraciones desinteresadas, en el nombre de Jesús.
- Padre, concédeme la gracia de ayunar en tiempos de necesidad, en el nombre de Jesús.
- Padre, dirígeme mediante Tu Palabra y guíame para aplicarla en la oración, en el nombre de Jesús.

- Padre, fortaléceme en oraciones fervientes que sirvan de mucho, en el nombre de Jesús.

Unción colectiva

Desafíos

- Cuando has rezado solo durante demasiado tiempo, pero no has recibido ninguna solución.
- Cuando desees mayor acceso al poder de Dios.

La solución de la Palabra

Hace muchos años, leí un libro de Kenneth Hagin. Dedicaba un capítulo a lo que él llamaba la unción colectiva, una energía espiritual que tiene efecto cuando las personas se reúnen para adorar a Dios. Jesús declaró que, cuando dos o más se reunían en Su nombre, Él estaría entre ellos. Una reunión de personas en honor a Jesús atrae Su presencia. Hay, como consecuencia, una unción colectiva en la reunión del pueblo de Dios.

En el día de Pentecostés, el Espíritu Santo bajó sobre los discípulos de Cristo que estaban reunidos. Los podía haber visitado fácilmente uno por uno, pero los visitó cuando estaban en el aposento alto. Hay poder en la unidad de propósito como sello de identidad del cuerpo de Cristo. Por eso se nos recomienda no dejar de congregarnos en la asamblea de creyentes (Hebreos 10:25). Cualquiera que se mantenga alejado de la fraternidad de la iglesia solo se está negando a sí mismo los profundos beneficios de la unción colectiva.

En el Antiguo Testamento, a menudo Dios les pidió a los líderes de Su pueblo que convocaran una asamblea solemne (Joel 2:15). Dios llegaba cuando Su pueblo estaba reunido en Su honor, y la gloria de Su presencia se hacía evidente con señales y maravillas.

No hay duda de que Dios podría sanar a una persona enferma en la intimidad de su propio dormitorio. Incluso uno podría ser curado mientras escucha una emisora cristiana de radio o ve un programa cristiano en la televisión o en un *webcast*. Dios puede sanar en cualquier lugar y lo hace, pero se forja mucho más en la unción colectiva que fluye de Su presencia tangible en la reunión de Su pueblo. Como creyente, te debes a ti mismo, a Dios y a tus hermanos creyentes ser parte de tales reuniones. Si Dios puede tocarte por separado en tu lugar remoto de soledad, ¿cuánto más puede hacer si eres parte de Su congregación?

Se necesita tu presencia física para que puedas beneficiarte de la unción colectiva. No te pierdas nunca una hermandad cristiana de la que se suponga que formas parte o un programa de la iglesia al que se supone que asistirás. Tu milagro te está esperando en la congregación de tus hermanos.

La solución de la oración

- Padre, dondequiera que vaya, colócame en la congregación de creyentes y permíteme recibir tu toque divino, siempre en el nombre de Jesús.
- Padre, desmantela todos los poderes que impiden mi asistencia regular a la iglesia y a las congregaciones cristianas, en el nombre de Jesús.
- Padre, que tu presencia sea evidente en cualquier reunión de la congregación de creyentes a la que asista o pertenezca, en el nombre de Jesús.
- Padre, úsanos a mí y a los míos para reunir a personas para la liberación de tu unción colectiva, en el nombre de Jesús.
- Padre, no me dejes nunca abandonar la asamblea de creyentes, en el nombre de Jesús.
- Padre, que tu presencia sea una característica duradera de devoción en mi iglesia, en el nombre de Jesús.
- Padre, te ruego que me concedas todos los recursos que necesito para asistir regularmente a la asamblea de creyentes, en el nombre de Jesús.

El poder de la santidad

Desafíos

- Cuando quieres bendiciones en abundancia.
- Cuando deseas respuestas raudas y regulares a tus oraciones.

- Cuando quieres que Dios pelee por ti.
- Cuando deseas vivir una vida saludable y libre de pecado.

La solución de la Palabra

Muchos hermanos creen erróneamente que todos sus problemas provienen de brujos, hechiceros y poderes ocultos. Otros se equivocan al pensar que la solución a su último problema se encuentra en la oración ardiente y en largos ayunos. Prepararse para veintiún días de oración y ayuno o siete días de vigilia sin parar se ha convertido en un hábito común en la cristiandad. Esto está haciendo cada vez más que el cristianismo parezca mucho más complejo y difícil de lo que es. Estos días, en todos los lugares hay una mentalidad de temor y estado de asedio que tiende inadvertidamente a magnificar al diablo. «Consumado es» fueron las últimas palabras de Jesús en el Calvario. Ganó la salvación, la victoria y el favor divino para toda la humanidad. Los cristianos reciben estos dones por la fe en Cristo y en Su gracia, no por sus obras o su poder y autoridad.

Cuando afrontan problemas y desafíos, muchos no tienen en cuenta su posición personal con Dios. Una autoevaluación honesta es algo obligatorio para todos los cristianos. ¿Qué tratamiento médico puede administrarse razonablemente a un paciente sin un examen previo adecuado? Antes de apresurarte a embarcarte en una maratón de ayuno y oración del guerrero, sométete a un autoescaneado espiritual para diagnosticar tu condición con precisión. ¿Eres santo o has caído en el pecado? Dios no abre Sus oídos a las oraciones de los pecadores ni extiende Sus manos para ayudarlos (Isaías 59:1-2).

Pregúntate cuál es tu posición ante Dios. El Espíritu Santo te ayudará prontamente en ese ejercicio si le pides con humildad y sinceridad que te perdone tus pecados. El que encubre sus pecados no prospera (Proverbios 28:13). Si estás en pecado, el muro a tu alrededor se resquebraja (Eclesiastés 10:8), y los brujos y hechiceros pueden atacarte. Si sigues sin arrepentirte, incluso aunque ahuyenten a las fuerzas del mal, estas regresarán con mayores demonios.

Volviendo a lo esencial El arrepentimiento es clave para la reconciliación con Dios. Arrepiéntete ahora y renuncia a los pecados. No puedes cometer adulterio y al mismo tiempo rezar a Dios para que sane tu matrimonio. Regresa a la santidad y recibirás la misericordia de Dios. Rezar a Dios debería ser para ti como la conversación agradable de un muchacho con su amoroso padre; unas pocas y breves peticiones pueden producir respuestas ágiles.

Estoy deseando conocer tu testimonio.

La solución de la oración

- Padre, he pecado contra Ti. He roto tus Mandamientos y he infringido tus leyes. Que reciba la gracia en este momento para confesar todos mis pecados y renunciar a ellos, en el nombre de Jesús.
- Padre, te pido el perdón total de mis pecados. Te pido tu misericordia. Lava mis pecados con la preciosa sangre de Jesús.
- Padre, te ruego que me sanes de todo dolor o pesadumbre como consecuencia de mi pecado, en el nombre de Jesús.
- Padre, concédeme Tu gracia para vencer todas las tentaciones y no volver a pecar contra Ti, en el nombre de Jesús.
- Padre, concédeme la gracia de vivir una vida santa que sea aceptable para Ti, en el nombre de Jesús.
- Padre, absuélveme y líbrame por la sangre de Jesús de toda culpa que haya heredado de mis padres y antepasados, en el nombre de Jesús.
- Padre, te ruego que restaures la cobertura de protección que mi pecado contra Ti ha debilitado o quebrado, en el nombre de Jesús.
- Padre, bendíceme con las bendiciones de santidad como prometiste por Tu Palabra, en el nombre de Jesús.
- Yo, un hijo de Dios limpiado por la sangre de Jesús, ordeno a todos los enemigos que se interponen en mi camino que se aparten ahora, en el nombre de Jesús.
- Como redimido del Señor limpiado por la preciosa sangre de Jesús, reclamo mi derecho completo como hijo de Dios a vivir una vida santa. Ejerceré el poder de Dios sobre mis problemas, en el nombre de Jesús.

Algo nuevo

Desafíos

- Cuando estás en un punto muerto y sigues atascado con cosas viejas.
- Cuando ansías un cambio total.
- Cuando necesitas que se te abran nuevas puertas.
- Cuando anhelas una nueva dirección.
- Cuando tu necesidad de una mejora drástica se ha convertido en una emergencia.

La solución de la Palabra

El principio de algo nuevo implica el fin de algo viejo. En la mayoría de los casos, algo nuevo es una mejora sobre algo viejo.

Dios dijo que haría «algo nuevo» (Isaías 43:18-19). Es una declaración simple, pero lleva aparejados multitud de beneficios debido a la explicación explícita que viene a continuación. Dios todopoderoso abrirá un camino a través del desierto, un paso seguro y cómodo a través de situaciones en las que te puedas encontrar que parecen imposibles de superar. Hará que los ríos fluyan en el desierto para ti; tendrás abundantes provisiones para tu viaje vital. Por muy difíciles que sean las circunstancias en el camino que tienes por delante, tendrás la garantía de que Dios puede cuidarte y lo hará. Hará posible todo lo imposible para Su hijo confiado. Esa debería ser una noticia alentadora para cualquiera que esté atravesando una situación extremadamente dura que no parece tener salida. Dios está a punto de convertirte en ganador. Ve en la fe. Los ríos en el desierto saciarán tu sed y regarán la tierra de cultivo. Hay una nueva y fructífera era en tu horizonte para perfeccionar la total transformación que solo nuestro Dios puede brindar.

Conviértete en parte de esa gloriosa transformación hoy. Espera fecundidad y aumento al recibir el flujo del Espíritu Santo, el poder que abre puertas en lugares imposibles. Tu milagro te está esperando ante cualquier desafío difícil. Pídele a Dios que haga algo nuevo en tu vida hoy.

La solución de la oración

- Padre, en tu bondad misericordiosa, arregla todo lo que el enemigo ha desorganizado en mi familia, en el nombre de Jesús.
- Padre, estoy agotado de canciones de dolor y sufrimiento; dame por favor una nueva canción de alegría, en el nombre de Jesús.
- Padre, ordena un nuevo comienzo para mí, un nuevo amanecer de fecundidad y vida abundante, en el nombre de Jesús.
- Padre, que pueda dejar ir con alegría todo aquello que está pasado, usado o atrasado y necesita reemplazarse, en el nombre de Jesús. Padre, renueva mi mente en todos los aspectos de la vida para que pueda ponerte el primero de todas las cosas, en el nombre de Jesús.
- Padre, haz que infecte a todo aquel que conozca con una nueva canción sobre tu bondad y un nuevo entusiasmo por Ti, en el nombre de Jesús.
- Padre, cuando abras nuevas puertas para mí, que reciba gracia no solo para entrar sino también para compartir las puertas abiertas con otros, en el nombre de Jesús.

Ríos en el desierto

Desafíos

- Cuando lo imposible debe hacerse posible.
- Cuando debe darse la vuelta a una situación completamente desesperada.
- Cuando no es concebible o no hay ninguna solución humana al alcance.
- Cuando deben dejarse a un lado las limitaciones naturales.

La solución de la Palabra

El agua es escasa y preciosa en los desiertos. Por ese motivo, los oasis se han convertido en lugares de asentamiento humano. Un río que fluya es algo imposible en un desierto; es inútil buscar uno por ninguna parte, ya que ese lugar no sería un desierto si tuviera un río. Solo Dios podía hacer un río en un desierto, era algo nuevo, como registra la Biblia (Isaías 43:19). Pero Sus caminos son insondables. Extrajo agua de la quijada de un asno para un sediento y deshidratado Sansón (jueces 15:16,19). Hizo que brotara agua de una roca del desierto para toda una nación (Éxodo 17:1-7).

Dios formuló Su promesa expresamente para ti. Por ti hará que fluyan ríos en el desierto. Todos los lugares secos que parecen un desierto en tu vida recibirán el influjo de agua dadora de vida proveniente del cielo. Dios derramará bendiciones como torrentes que corren como grandes ríos. Lo imposible se hará posible, y lo irreversible será revertido. Las limitaciones naturales darán paso a lo sobrenatural, y la voluntad de Dios proveerá milagrosamente para aquellos que están en una mala situación.

Nuestro Dios es el gran proveedor. Nuestro Señor Jesús es el dador de vida abundante (Juan 10:10). Prometió darnos mucho más de lo que podríamos pedir o imaginar jamás (Efesios 3:20). Él hará que fluya en tu desierto no un pequeño arroyo, sino un poderoso río.

Hace unos años, trabajé como director regional de un banco de mediano tamaño. No había muchos clientes importantes, porque las empresas comerciales y manufactureras eran escasas en la región, y ninguno de los grandes conglomerados tenía presencia en la zona. Cumplir los objetivos de ventas no era humanamente posible en ese desierto financiero virtual, pero, contrariamente a la lógica humana, las estadísticas y las proyecciones, esa región muy pronto se convirtió en la más rentable del negocio total del banco. Batió a todas las demás, incluso las que estaban en capitales comerciales, así como a los núcleos ricos en petróleo y gas. Fue un desempeño sobrenatural que se mantuvo durante dos años. El secreto fue la oración y el ayuno en una vida de santidad y laboriosidad en el trabajo. Soy el testigo viviente de que Dios hace que los ríos fluyan en el desierto.

¿Y tú qué tal? ¿Estás varado en medio del desierto y necesitas un río de bendiciones? Simplemente haz el compromiso de vivir una vida santa y pide a Dios que te envíe ríos de agua de vida. Dios está preparado. Te asombrarás con Sus milagros, Sus nuevos comienzos. Bienvenido a una manifestación de lo sobrenatural en tu favor: ríos fluyendo en todos los lugares desiertos de tu vida.

¡Felicitaciones!

La solución de la oración

- Padre, ordena a los ríos que entren en todos los desiertos de mi vida, en el nombre de Jesús.
- Padre, he pedido en la fe cosas que sé que son humanamente imposibles. Confío en que Tú las hagas posibles, en el nombre de Jesús.
- Padre, haz una cosa nueva por mi familia: alivia el estrés y aligera la carga de cada uno de nosotros, en el nombre de Jesús.
- Padre, en tu gran misericordia, revierte hoy toda aflicción o reproche que parece irreversible en mi vida, en el nombre de Jesús.
- Padre, en tu omnipotencia elimina toda limitación natural de mi vida, en el nombre de Jesús.

Capítulo 8

Cápsulas para la sanación divina

El poder del perdón

Desafíos

- Cuando da la sensación de que Dios no oye tus oraciones.
- Cuando nada va bien y eres todo preguntas sin ninguna respuesta.
- Cuando necesitas paz interior y perdón de Dios y de la humanidad.
- Cuando tu corazón está lleno de amargura y dolor.

La solución de la Palabra

El pastor Adeboye una vez relató una interesante historia sobre un viudo rico que tenía una hija única. La madre de la muchacha había muerto joven y el viudo naturalmente prodigó mucho amor y cuidados a su única hija. Antes de darla en matrimonio, logró un compromiso especial de su futuro yerno, un juramento de que cuidaría excepcionalmente bien a su hija tan especial.

Sin embargo, el yerno no mantuvo su promesa; trató mal a la joven recién casada y la golpeaba con frecuencia. Cuando el hombre rico lo descubrió, juró no perdonar nunca a su insolente yerno. No mucho después, cayó muy enfermo. A pesar de todo su esfuerzo, ningún médico pudo diagnosticar o curar su enfermedad. Buscó la ayuda de hombres de Dios, pero Dios impidió que Sus numerosos siervos rezaran por él.

Un pastor le dijo que perdonara a todos los que le habían ofendido gravemente. El rico suegro visitó a su yerno y lo abrazó. Para gloria de Dios, fue curado de esa enfermedad.

¿Te ha herido alguien tan profundamente que no puedes perdonarlo o perdonarla? ¿Alimentas amargura o malicia contra alguien? No perdonar es un yugo de esclavitud (Mateo 18:35). El Señor Jesús nos enseñó cómo rezar, y un elemento clave de Su modelo de oración es pedirle a Dios que perdone nuestras ofensas como nosotros perdonamos a los que nos ofenden (Lucas 11:4). Jesús advirtió que quien albergue ira sin causa contra su hermano será juzgado por haber cometido la misma ofensa que un asesinato (Mateo 5:21-22).

Analiza estrechamente tus relaciones con tu familia, amigos, asociados, vecinos y compañeros feligreses de la iglesia. ¿Guardas rencor a alguno de ellos? ¿Luchas contra la amargura o el odio hacia alguien, pero sabes mantener bien las apariencias?

Algunas de tus oraciones recibirán respuesta solo cuando has manejado honestamente los problemas de amargura y ausencia de perdón que hay en tu corazón. Puede que algunas personas te hayan perjudicado de verdad, te hayan tratado mal, hayan conspirado contra ti, te hayan tratado injustamente, te hayan molestado o hayan saboteado todos tus esfuerzos. Es posible que algunos incluso hayan recompensado tu bondad hacia ellos con maldad. Eso no es nuevo; es exactamente lo que le sucedió a Jesús, pero Él pidió gentilmente a su Padre que perdonara a aquellos que lo habían acusado (Lucas 23:24).

Puedes obtener acceso al increíble poder que hay en el perdón. Es necesario un alto nivel de madurez y humildad para deshacerse del dolor o la malicia. No puedes mantener que eres humilde de espíritu si no puedes perdonar una ofensa. No perdonar es una esclavitud espiritual que bloquea tu visión e impide tu avance, y podría afligirte con un demonio de enfermedad del cual no hay liberación si no perdonas y olvidas. Muestra perdón hoy, acaba con la maldad y el enemigo perderá toda base legal para afligirte.

Perdona. Pronto oiremos tu testimonio de la gloria de Dios.

La solución de la oración

- Padre, concédeme la gracia de perdonar a aquellos que me hacen daño, en el nombre de Jesús.

- Padre, perdona mis pecados, al igual que yo he perdonado a aquellos que me han hecho mal, en el nombre de Jesús.

- Padre, porque no guardo rencor contra nadie, líbrame por favor de todas las formas de esclavitud, en el nombre de Jesús.

- Padre, te ruego que me muestres tu bondad y misericordia, y las extiendas sobre toda mi familia, en el nombre de Jesús.

- Padre, libera sobre mí todas las bendiciones que siguen a un espíritu indulgente, en el nombre de Jesús.

- Padre, enséñame a ser rápido en el perdón en todo momento, en el nombre de Jesús.

- Padre, ayúdame a ser más sensible a causar que a sufrir ofensa. Que siempre evite ofender o provocar a otros, en el nombre de Jesús.

El poder de la santa comunión

Desafíos

- Cuando deseas fuertemente la experiencia de la Pascua.
- Cuando deseas la libertad de la esclavitud o la sanación de la enfermedad.
- Cuando quieres liberarte de la opresión, la represión o la supresión.
- Cuando necesitas una recuperación inolvidable.
- Cuando quieres que el juicio de Dios caiga sobre tus enemigos.
- Cuando deseas el toque físico de Dios.
- Cuando tus problemas han desafiado a tus oraciones.

La solución de la Palabra

Algunos cristianos nunca se han adentrado en los poderes ilimitados de la Santa Comunión. De hecho, muchos ven la Santa Comunión simplemente como otro ritual cristiano que se realiza para alcanzar la rectitud. Un gran número ni siquiera participa en la Santa Comunión. La falta de énfasis de los clérigos contribuye significativamente a su desafortunada indiferencia. También está el asunto de los errores de doctrina cometidos por algunas denominaciones eclesiásticas relativas a este sacramento sagrado. Han alimentado la confusión y ha afectado a muchos para mal. Algunas personas buenas se desaniman con estas controversias y otros han reaccionado a una falsedad percibida rechazando completamente todo el rito.

Pero la Santa Comunión es en realidad la esencia de la Pascua instituida por Dios mismo (Éxodo 12:1-51). Es una fiesta celebrada por mandato divino que representa el pacto eterno de Dios para la liberación de Su pueblo. Comerla es un privilegio divino reservado a los elegidos. Los participantes celebran la levadura de la fe de Dios y la vida eterna, sanando y rejuveneciendo. Es una levadura de liberación, una especie de banquete que nutre a sus participantes para que persigan fortalecidos su destino. Es un alimento del más alto favor. Pero también es un alimento de muerte si se toma de forma indigna (1 Corintios 11:30).

Jesús es el Pan de la Vida y nadie que no coma Su cuerpo y no beba Su sangre puede ganar vida eterna (Juan 6:53). La Santa Comunión es el símbolo de Su cuerpo y sangre. Nosotros, como seguidores suyos, tenemos el mandato de tomarla con tanta frecuencia como sea posible en su recuerdo.

La primera Santa Comunión fue la última cena del Señor con Sus doce apóstoles. Fue en conmemoración de la Pascua, la gran noche en que Dios liberó a Su pueblo de la esclavitud en Egipto. La Pascua en Egipto suponía degollar y comer un cordero sin mácula en cada hogar. En la Última Cena, Jesús se ofreció a Sí mismo como el Cordero que sería degollado por toda la casa de Dios y por todos los tiempos. Ofreció a Sus apóstoles pan y vino como símbolos de Su cuerpo que sería quebrado y Su sangre que sería derramada para el perdón de los pecados. En Egipto fue necesaria la sangre del pacto proveniente de un humilde animal para provocar la asombrosa acción de Dios que sacudió el reino del faraón hasta los cimientos. ¡Mucho mayor es ahora nuestra apreciación completa de un pacto superior en la preciosa sangre de Su Hijo Unigénito!

Debes haber oído cientos de impresionantes testimonios sobre la Santa Comunión y la lluvia de bendiciones derramada sobre sus devotos comulgantes. De época en época ha habido innumerables relatos y registros de sanaciones increíbles, asombrosas recuperaciones, milagrosas liberaciones y otras intervenciones sobrenaturales. La Santa Comunión tomada con fe representa y entrega la presencia viva y el poder de Jesucristo en Su iglesia de ayer, hoy y siempre.

¿Estás luchando contra un problema ostensiblemente imposible? ¿Hay algo que Dios a través de Su hijo no pueda hacer? En un servicio de Santa Comunión en mi antigua parroquia, un hombre dio testimonio sobre su curación de un fallo cardiaco. En otro, una mujer embarazada cuyo bebé venía de nalgas recibió la recolocación sobrenatural de su bebé. No mucho después, empezaron los trabajos del parto que se prolongaron escasos minutos y el bebé nació con la facilidad de las mujeres hebreas. Presenta tus desafíos a Dios en el altar de la Santa Comunión. Te alegrarás de la infalible intervención de Dios.

La solución de la oración

- Padre, por la sangre de Jesús presente en la Santa Comunión, límpiame y expulsa de mi sangre toda forma de enfermedad, en el nombre de Jesús.
- Padre, cuando participo en la Santa Comunión, honra mi fe y haz que el poder de tu pacto se manifieste en mí, en el nombre de Jesús.
- Padre, al tomar la Santa Comunión, me conecto por la fe con tu noche de Pascua en Egipto, y a través de este símbolo de sangre, te pido que se destruyan sumariamente todos los yugos de mi vida, en el nombre de Jesús.
- Padre, por tu cuerpo quebrado y magullado, recibo sanación en el nombre de Jesús.
- Padre, por la Santa Comunión, me uno a Ti y de este modo me separo completamente de las obras de Satán, en el nombre de Jesús.
- Señor Jesús, confieso que eres el Pan de la Vida. Aliméntame hasta que no quiera más.
- Padre, consérvame en santidad y pureza de espíritu para que sea digno siempre de participar en la Santa Comunión, en el nombre de Jesús.

Vencer a las enfermedades y a las dolencias

Desafíos

- Cuando estás atormentado por la enfermedad.
- Cuando los medicamentos te decepcionan y tu esperanza de sanar se tambalea o se desvanece.
- Cuando te das cuenta de que tu enfermedad está inspirada por el demonio.

La solución de la Palabra

La enfermedad no es buena para nadie y no está destinada para los hijos de Dios. Aparece principalmente como una aflicción del diablo o como consecuencia de los actos de una persona, ya sea por comisión u omisión: comer sin lavarse las manos, beber agua impura o no proteger tu casa contra los mosquitos. La malaria debida a la picadura de los mosquitos o la fiebre tifoidea debida a un entorno insalubre son consecuencia directa de fallos y fracasos personales.

Las enfermedades son parte del arsenal del milenario diablo; son malvadas y no escatiman tormentos que el diablo dispara contra los hijos de Dios. Pero Dios todopoderoso ha reservado la sanación para sus queridos hijos. La sanación es su alimento y Dios es su muro confiable de defensa. Cuando tienen vidas santas, Satán no puede romper la fortaleza especial de Dios, de amplias disposiciones y con una protección total para ellos.

Tú moras allí por derecho propio como hijo favorecido de Dios y tienes la garantía de Dios de que nunca perderás ese estado a no ser que te rindas a la tentación del diablo y caigas en el pecado, que es aborrecido por Dios. Cualquiera que peque le muestra a Satán una abertura en el muro protector de Dios para llevar a cabo un ataque directo. El malvado aprovechará alegremente ese resquicio para infligir enfermedad y dolor (Deuteronomio 28:60-61).

¿Te enfrentas a un desafío de salud que no está respondiendo al tratamiento médico? ¿Hay un pecado sin confesar en tu corazón? ¿Trabajas bajo el peso de la culpa o te remuerde la conciencia recordándote tus faltas secretas? Necesitas enfrentar la situación. La tristeza que proviene de Dios produce arrepentimiento para salvación (2 Corintios 7:10). Preséntate ante Dios con espíritu contrito, confiesa tus pecados y pide Su perdón. Dios no desprecia al espíritu contrito y humillado (Salmos 51:17). Con tus pecados perdonados y eliminados, espera una perfecta sanación cuando se lo pidas a Dios. No te negará nada que pidas en la fe.

Hay un vínculo directo entre la fe y la sanación. Aquellos que vinieron a Jesús buscando sanación tuvieron que declarar su fe personal en Su poder para curar sus afecciones. Jesús normalmente atribuyó Su sanación milagrosa a la fe declarada en Él de quienes se lo suplicaron (Marcos 5:34; Lucas 8:48 y Lucas 17:19). Esa fe debe estar anclada en la Palabra de Dios como se expone ampliamente en las escrituras (1 Pedro 2:25; Salmos 103:3; 107:20; Isaías 53:5; Jeremías 30:17). Una vida vivida como creyente y aclamando estas escrituras es una vida de poder victorioso sobre toda enfermedad y afección. El que lo prometió es Dios, el Padre todopoderoso y eterno que nunca falla.

Recibe tu sanación hoy: la sanación total de cuerpo, alma y espíritu.

La solución de la oración

- Rechazo y acabo con toda enfermedad genealógica que haya en mi vida para siempre, en el nombre de Jesús.
- Que se anule y se revierta toda enfermedad proyectada en mi vida, en el nombre de Jesús.
- Que se arranque de raíz todo árbol de enfermedad plantado en mi vida, en el nombre de Jesús.
- Que se rompa toda maldición de enfermedad en mi vida, en el nombre de Jesús.
- Por los latigazos de Jesús recibo sanación y liberación de toda enfermedad, en el nombre de Jesús.
- Que la enfermedad y las dolencias abandonen mi cuerpo y no regresen jamás, en el nombre de Jesús.
- Padre, Tú eres el Señor que me sana. Que te celebre en perfecta salud de cuerpo y mente todos los días de mi vida, en el nombre de Jesús.

Capítulo 9

Cápsulas para la paz interior

El poder de la paz interior

Desafíos

- Cuando careces de tranquilidad de espíritu.
- Cuando pasas noches sin dormir.
- Cuando a los ojos de los hombres pareces una persona de éxito, pero en tu interior solo hay vacío.
- Cuando careces de alegría.
- Cuando sigues buscando soluciones a problemas indefinibles.
- Cuando sigues sufriendo crisis emocionales.

La solución de la Palabra

Una vez visité a un hombre muy rico, un amigo anciano al que le encantaba charlar conmigo. En una ocasión lo encontré extrañamente reservado y de mal humor, y le pregunté qué sucedía. Su respuesta fue instantánea y asombrosa. «No hay paz para los malvados», soltó antes de darse cuenta de que se estaba creando problemas al mover sus propios labios.

Se esforzó, por supuesto, en revertir o revisar sus palabras, pero el resto de su discurso fue un ejercicio obvio de futilidad: la verdad había salido. Era un hombre atribulado que, como el Macbeth de Shakespeare, había matado al sueño y no volvería a dormir. Su cultivada fachada de tranquilidad, comodidad y riqueza era completamente falsa. Tras ella había una realidad de inquietud y angustia. No tenía paz. Esa era la verdad que había ocultado permanentemente programándose para ello, pero ahí estaba, a la vista de todos por un acto reflejo, porque de la abundancia del corazón habla la boca (Lucas 6:45).

La mayoría de las personas creen erróneamente que la paz y la alegría se encuentran en el estilo de vida de los ricos y opulentos. Sus visiones están eternamente fijas en automóviles y yates de un millón de dólares, mansiones doradas, ropas caras, comidas exóticas y viajes caros por todo el mundo, resorts vacacionales de lujo y escapadas del club de los multimillonarios. La verdad es que ninguna de esas cosas puede darte paz de espíritu. La alegría y la paz interior no pueden comprarse con dinero. Es un regalo de Dios reservado para los Suyos. En caso de que te estés preguntando por qué alguien lo necesita o qué uso real puede tener para ti, la respuesta es indiscutible. Si careces de paz interior, te sientes bajo asedio todo el día y, al anochecer, hay poca esperanza de conseguir un respiro, ya que probablemente no duermas bien. Para la mayoría de las personas en esas condiciones de aflicción, el sueño solo llega con la ayuda de píldoras. Es una vida de miedos y preocupaciones intensos, y con mucha frecuencia el resultado es presión sanguínea alta con sus innumerables complicaciones. Sin paz interior, nadie puede tener la presencia de mente y el sentido del equilibrio para vivir en rectitud y ayudar a otros a conseguir lo mismo. Si no puedes relacionarte bien con otros, mucho menos con Dios. Ni siquiera puedes rezar correctamente. Estás en guerra contigo mismo y con todos los demás. La paz interior procede del contento y genera más contento. Quien carece ella puede verse empujado a conflictos sin fin y a una amarga rivalidad debida a la codicia insaciable o a otros impulsos antinaturales. Una persona así es un peligro para sí mismo y para los demás. Es una herramienta lista para usarse en manos del diablo. No puede oír o comprender las palabras consoladoras de Dios, como: «Vengan a mí todos ustedes, los agotados de tanto trabajar, que yo los haré descansar» (Mateo 11:28-29) y «Descarguen en Él todas sus angustias, porque Él tiene cuidado de ustedes». (1 Pedro 5:7). Estas son las palabras del pacto destinadas a revivir nuestra fe en Dios como Padre amoroso que conoce todos los cuidados que necesitamos, grandes y pequeños.

Una noche en 2010, mientras trabajaba como voluntario a tiempo completo en una iglesia, tuve un profundo deseo de comer frijoles preparados de mi forma preferida. Al llegar a casa, me llevé una agradable sorpresa: ese era el plato que había preparado mi esposa. Sonreí y ella preguntó qué era lo que me hacía sonreír. Cuando le dije que la comida que había preparado era exactamente lo que deseaba, no mostró ninguna sorpresa, ya que ella también tenía su propia historia: una voz agradable la había apremiado mientras echaba la siesta para que me preparase frijoles para cenar.

Amigo mío, Dios se preocupa por todas las cosas de las que te preocupas tú. La paz interior que necesitas como ser humano también es importante para tu Creador. ÉL es el propietario y dador de todo, así que acude a ÉL, el Príncipe de la Paz (Isaías 9:16). Te está invitando personalmente con Su amorosa apertura: «La paz les dejo» (Juan 14:27). Acude a tu Salvador Jesús, el propietario y dispensador de paz. Confía en ÉL y vive según Su Palabra, y Su Espíritu Santo vivirá en ti y te convertirá en Su amigo y heredero conjunto de las riquezas del Reino de Dios. Busca Su paz. Te dará la paz que traspasa toda comprensión.

La solución de la oración

- Señor Jesús, entra en mi corazón; te hago Señor y Salvador de mi vida. Reina en mi vida ahora y siempre hasta el fin de mis días, amén.
- Padre, me rindo a Tu autoridad y gobierno desde el día de hoy; dirige todos mis asuntos sin excepción, en el nombre de Jesús.
- Padre, concédeme el don de la devoción y la alegría, y que nunca sea gobernado por la codicia o los deseos desordenados, en el nombre de Jesús.
- Padre, concédeme una paz que sobrepase toda comprensión, en el nombre de Jesús.
- Príncipe de la Paz, manifiesta Tu presencia en todas mis relaciones y empeños, en el nombre de Jesús.
- Padre, que camine en la sabiduría divina y no pierda nunca Tu paz, en el nombre de Jesús.
- Padre, que siga siendo un canal de tu paz, en el nombre de Jesús.

Consuelo en la adversidad

Desafíos

- Cuando no puedes entender por qué estás atravesando épocas tan difíciles.
- Cuando te sientes desanimado a pesar de tu santidad.
- Cuando te sientes desesperado porque tus amigos o familiares cercanos sufren adversidades.
- Cuando cada día está lleno de desgracias, dolor y tristeza.

La solución de la Palabra

Existe la noción común de que, una vez te conviertes en cristiano renacido, todos tus problemas desaparecerán en un chisporroteo. Se trata de una enseñanza falsa, pero, por desgracia, demasiadas personas la han creído. Deben aprender la cruda verdad, que es que incluso los buenos cristianos sufren muchas aflicciones físicas. Vivir una vida santa no te hace inmune a los problemas de la vida.

Un efecto secundario de esta enseñanza errónea es la tendencia de muchos cristianos a imputar equivocadamente al pecado todas las enfermedades o pruebas que sufre cualquiera. Ni siquiera sus sufrientes hermanos cristianos se libran del prejuicio insensible y contrario a las escrituras de aquellos que creen que todas las tribulaciones son una recompensa por el pecado. Pero si ninguna persona santa puede ser jamás atacada por el diablo, ¿qué hay de Job, «un hombre recto, que amaba y honraba a Dios y no hacía ningún mal a nadie»? (Job 1:1). ¿Qué pecado cometió? Dios, no el hombre, certificó que Job era santo y recto. Era un hombre recto que rezaba por él y por sus hijos, y hacía sacrificios por sus pecados, si es que había alguno. Sin embargo, Satán los golpeó a él y a su familia.

David, rey profeta, recibió el regalo divino de la revelación de la verdad espiritual de la vida en esta Tierra desde entonces en adelante. Una de las afirmaciones más explícitas sobre el sufrimiento humano es que «el justo pasa por muchas aflicciones» (Salmos 34:19). Nuestro Señor y Salvador dejó claro a Sus discípulos que en este mundo tendrían aflicción (Juan 16:33).

Ten en cuenta las garantías implícitas de un final feliz de ambas escrituras: los justos serán liberados de todas sus aflicciones y los discípulos de Cristo deberían estar animados porque Cristo ha vencido al mundo por ellos.

El apóstol Pablo nos dijo que el sufrimiento del justo tenía un propósito divino: revelaba a Dios como el Padre misericordioso y el Dios todo compasión que nos reconforta en todas nuestras aflicciones. Y nos equipa para empatizar con otros y para reconfortarlos de la misma forma que Dios nos consoló a nosotros en nuestros momentos de sufrimiento (Corintios 1:3-4).

Mi buen amigo o amiga, las tribulaciones de este mundo no están reservadas solo para los injustos. El viento sopla contra todos y la lluvia cae sobre buenos y malos por igual; las tribulaciones y aflicciones recaen sobre santos y pecadores. La única diferencia es que Dios tiene un plan garantizado de salvación para Sus santos. «Cuando pases por las aguas, yo estaré contigo; cuando cruces los ríos, no te anegarán. Cuando pases por el fuego, no te quemarás, ni las llamas arderán en ti». (Isaías 43:2). Es por este motivo que el justo vivirá por la fe (Romanos 1:17; Gálatas 3:11; Hebreos 10:38), una fe que le irá bien (Isaías 3:10), una fe que hace que Dios disponga todas las cosas para el bien de los que lo aman (Romanos 8:28), una fe que logrará que los terrores que ves en este momento nunca más volverás a verlos (Éxodo 14:13; 2 Corintios 4:17), y una fe que hará que tal vez lloremos durante la noche, pero en la mañana saltaremos de alegría (Salmos 30:5). El miedo y la ansiedad ante cualquier situación son enemigos de la fe y terreno prohibido para los justos.

Es nuestro deber cristiano mostrar amor siempre y particularmente a aquellos que están afligidos o sufren. Debemos consolarnos unos a otros en todas nuestras tribulaciones (2 Corintios 1:4). Debemos evitar las suposiciones precipitadas y los veredictos llenos de prejuicios contra otros seres humanos, nuestros hermanos, en su momento de aflicción, que es cuando más nos necesitan.

La solución de la oración

- Padre, haz que recuerde siempre que, aunque atraviese el fuego, nunca me quemará porque me salvarás según tu Palabra.
- Padre, haz que tenga en cuenta que, aunque atraviese la inundación, no me ahogaré porque Tú estás conmigo por la promesa de Tu pacto.

- Padre, te doy las gracias porque has ido por delante de mí. Has dispuesto ayuda, ánimo y apoyo para mí a lo largo del camino que debo recorrer.
- Padre, conviérteme en intercesor de las personas atribuladas, y especialmente de los que sufren a causa de tu nombre, en el nombre de Jesús.
- Padre, concédeme la gracia para superar los desafíos y emerger siendo una persona mejor que consuela y anima a otros, en el nombre de Jesús.
- Padre, no permitas nunca que mi fe me falte o me falle en momentos de dificultades, en el nombre de Jesús.
- Padre, sé siempre mi consuelo en los testimonios de fe, en el nombre de Jesús.

Todo irá bien

Desafíos

- Cuando te sientes cansado y enfermo de cuerpo, alma y espíritu.
- Cuando estás deprimido hasta morir.
- Cuando te sientes decaído, indefenso y desesperado.
- Cuando todo a tu alrededor es pesadumbre y fracaso.
- Cuando tus pensamientos se vuelven desalentadores y casi suicidas.

La solución de la Palabra

«Y vio Dios todo lo que había hecho, y todo ello era bueno en gran manera». (Génesis 1:31). Ese era el estado del mundo durante la creación. Todo lo que había hecho Dios estaba bien hecho. El hombre nunca enfermaba y no carecía de nada. Disfrutaba con la compañía regular de su Creador, quien le concedió el dominio sobre toda la Creación. Entonces el hombre lo estropeó por el pecado de desobediencia que entró a través de Adán. A continuación llegaron la enfermedad, el sufrimiento y la tristeza como componentes de la maldición sobre el hombre pecador (Génesis 3:17).

Pero Dios mostraría misericordia enviando a Su hijo para morir en la cruz con el fin de liberar a la humanidad de esa maldición. El Señor Jesús tomó el lugar de toda la humanidad en la cruz; Él, un hombre sin pecado, murió por los pecados de todas las personas y los redimió de toda maldición (Gálatas 3:13-14). Todos los decretos que había previamente contra nosotros se clavaron a la cruz de Jesús (Colosenses 2:14). A través de Jesús, tenemos redención total de nuestros pecados por medio de Su gracia (Juan 1:17). La ayuda llegó de arriba, restauró la gracia y nos trajo salvación. Jesús vino para darnos vida en abundancia (Juan 10:10), y mediante su obra acabada, revirtió todas las obras del diablo (1 Juan 3:8).

El deseo de Dios es que todo te vaya bien. Sus pensamientos para ti son pensamientos de paz, no de maldad, para darte el final esperado (Jeremías 29:11).

En 2012 mi hija mayor afrontaba un desafío con las matemáticas durante su último año de instituto. Mi esposa intentó en vano ayudarla a afrontar un problema complicado de su tarea escolar. Yo también lo intenté, pero fracasé. Los tres nos fuimos a acostar frustrados y tristes. Esa noche, durante el sueño, recibí de Dios la solución paso a paso al problema. Desperté y, siguiendo el proceso revelado, resolvimos en dos minutos un problema que había desafiado nuestros esfuerzos conjuntos durante más de tres horas. Dios se probó a Sí mismo una vez más y resolvió mi situación. Él es mi ayuda y mi propiciador, un Padre digno de toda mi confianza. Conoce todo lo que me preocupa, incluso las cosas mundanas, como el problema de matemáticas de mi hija. Puede ocuparse de ellos para asegurarme que todo en mi vida está bien.

Ten la seguridad, mi buen amigo, de que todo estará bien contigo en el nombre de Jesús. Lo único que necesitas para hacer que suceda es Jesús. Recíbelo hoy como tu Salvador, y haz de Él tu aliado en todo lo que haces o planeas hacer. Él te guiará y te acomodará en una nueva vida de rectitud con todas sus bendiciones. Sobre esas bendiciones está escrito: «Díganle al hombre justo que le irá bien, y que comerá del fruto de sus obras» (Isaías 3:10). Todas tus semillas como hombre justo o mujer justa darán buen fruto, y de él comerás.

¿Qué semilla estás sembrando y qué semilla sembraste en el pasado? Siembra una semilla recta y comerás un fruto recto. Todo irá bien porque Dios mismo lo prometió.

La solución de la oración

- Padre, excluye misericordiosamente mis faltas y renueva el espíritu correcto en mí, en el nombre de Jesús.
- Padre, restaura todo lo que el enemigo ha robado, matado o destruido en mi vida, en el nombre de Jesús.
- Padre, ayúdame a rehuir todos los caminos fraudulentos y caminar únicamente por el sendero recto y estrecho de mi destino, en el nombre de Jesús.
- Padre, renueva mi fortaleza de cuerpo, alma y espíritu, en el nombre de Jesús.
- Padre, haz que todas las buenas semillas que he sembrado produzcan cosecha abundante, en el nombre de Jesús.
- Padre, ayúdame a vivir una vida que aprecie tu divina certeza de que todo irá bien con los justos, en el nombre de Jesús.

Superar el miedo

Desafíos

- Cuando vives en peligro o en constante temor.
- Cuando te enfrentas a amenazas, intimidación y acoso.
- Cuando combates contra la duda extrema y la incertidumbre.

La solución de la Palabra

El miedo es lo opuesto a la fe. Sin fe, nadie puede agradar a Dios (Hebreos 11:6). Sin fe en ti mismo, el miedo puede dominar tu vida y el diablo puede apoderarse de ti. El diablo usa el miedo para someter a los seres humanos a su malvado programa. El miedo es un arma muy importante que usa para reprimir y subyugar a sus cautivos con cadenas de tiranía y celdas de opresión, supresión, represión y obsesión. El miedo no es de Dios, porque Dios no nos ha dado el espíritu del miedo, sino del poder, el amor y el dominio propio (2 Timoteo 1:7). Por eso el justo es tan audaz como los leones (Proverbios 28:1).

Dios nunca envía miedo a Sus hijos. Los ángeles que envió en sueños o trances saludaron a Sus amigos con palabras tranquilizadoras: «No teman». Los eruditos de la Biblia han contado 366 menciones de «No teman» en la Biblia, una para cada día del año más una para los años bisiestos.

Una forma de superar el miedo es comprendiendo y apreciando quién eres en Cristo Jesús. Si supieras que eres la progenie del León de Judá (por lo tanto, un león por derecho propio), ¿qué temerías? Si supieras que eres rey y sacerdote (Apocalipsis 5:10), ¿a quién temerías? Si supieras que eres más que un conquistador (Romanos 8:37), ¿por qué temerías? Si supieras que perteneces al sacerdocio real (1 Pedro 2:9), ¿a quién tendrías miedo?

La razón más poderosa para no tener miedo no eres tú, sino Aquel que está en ti; Él es más grande que cualquier poder del mundo (1 Juan 4:4), y ha prometido no dejarte o abandonarte nunca (Hebreos 13:5). Dice que nadie puede arrebatarte de Su mano (Juan 10:28).

Hace muchos años, yo tenía miedo por las noches. Estaba atormentado constantemente en sueños por pesadillas que me hacían temer a acechadores imaginarios y atacantes invisibles. Mi miedo desapareció cuando una noche Dios me abrió los ojos para que viera a los ángeles de guardia a mi alrededor. Desperté a un entendimiento más completo de la deliciosa seguridad de que Él había ordenado a Sus ángeles que me guardaran (Salmos 91:11).

Ahuyenta tu espíritu de miedo. La belleza de tu destino en Cristo es la victoria segura que está reservada a todos los verdaderos cristianos. Da igual lo que intente hacer el diablo, al final siempre ganarás. El pánico, la incertidumbre y el miedo son solo para aquellos que no están seguros del resultado de una competición. Dios te ha hecho ganador en una competición sobre los problemas de tu vida, una victoria decidida y declarada antes de las batallas. Si el Señor está contigo, ¿quién puede haber contra ti? (Romanos 8:31). Dile a Satán que cierre la boca. Enfréntalo con la fe y la confianza de quien eres en Cristo. Eres hijo de Dios por la sangre de Jesús. Resiste al diablo y este huirá de ti (Santiago 4:7).

Hay muchas formas de conflictos espirituales. Algunos son tan intensos que implican manifestaciones físicas demoniacas. ¿Te enfrentas a un conflicto de este tipo y toda clase de horrores imaginables que vienen a ti desde cada esquina? ¿Vives en el temor de que vas a perder la cabeza? Amigo mío, mantente firme en la Palabra de Dios. Esta es tu única forma de reclamar la victoria que Jesús ha ordenado para ti. Camina con la fe, no con la vista (2 Corintios 5:7), porque lo que ves es engañoso y efímero, pero la Palabra de Dios es la Roca de los Tiempos. Mantente firme en esa Roca y confiesa en la fe que nunca más verás los terrores que ves hoy (Éxodo 14:13). Dios honra la fe en Su Palabra, hasta el punto que incluso una orden tuya dada con fe moverá montañas (Marcos 11:34). Pon toda tu confianza en Dios y aleja el miedo y la duda, ya que con Dios todas las cosas son posibles (Marcos 10:27).

Te veo caminando en fe victoriosa desde hoy.

La solución de la oración

- Padre, fortalece mi fe en Ti, en el nombre de Jesús.
- Padre, ayúdame a saber quién soy en Ti, en el nombre de Jesús.
- Renuncio y expulso a todos los espíritus del miedo que haya en mí, en el nombre de Jesús.
- Padre, ayúdame a decidirme a caminar guiándome por la fe y no por la vista, en el nombre de Jesús.
- Padre, renueva mi mente por Tu Espíritu Santo mientras estudio y medito en Tu Palabra, en el nombre de Jesús.
- Padre, enséñame a colocar siempre mi confianza absoluta en Ti, en el nombre de Jesús.

Esperando la promesa

Desafíos

- Cuando la presión es insoportable y esperar parece inútil.
- Cuando se acaba el tiempo y la paciencia no ha dado ningún resultado.
- Cuando Dios es lento o se retrasa en cumplir Su promesa a ti.
- Cuando te sientes excluido mientras otros reciben los favores de Dios.

La solución de la Palabra

Hace unos días, durante la oración de la mañana en mi casa, sentí que debía enseñar a mis hijos la gran diferencia que existe entre la magia y los milagros. Se quedaron perplejos al oírme resaltar que Dios hacía milagros, pero el demonio hacía magia. Para ilustrar mi argumento, usé un objeto que tenía a mano, que era claramente de color púrpura. Hice que mis hijos más jóvenes comprendieran que el diablo es bastante adepto a crear ilusiones. Podía hacer que ese mismo objeto de color púrpura apareciera negro como el carbón, pero solo por un segundo. Eso es magia, una experiencia que es ilusoria y engañosa, a diferencia de los milagros de Dios, que son reales y confiables. La magia es instantánea, mientras que los milagros pueden venir en etapas. Por ejemplo, si Dios fuera a cambiar el color de ese objeto, muy probablemente el proceso sería gradual y llevaría horas, días e incluso semanas.

Un hecho ineludible de la vida es el examen del paso del tiempo que espera a toda criatura. Todas las obras y sucesos de esta Tierra deben aprobar o suspender ese examen, tanto si son buenos como si son malos. La magia instantánea del diablo se desvanece rápidamente, mientras que los milagros de Dios podrían tomar años, pero permanecerán para gloria Suya. Como está escrito, todo lo que hace Dios permanecerá para siempre (Eclesiastés 3:14).

Hay un proverbio inglés que dice que el molino del Señor muele lento pero seguro. Pudo haberle encomendado una misión directa a Ezequiel, Su profeta, para que despertara los huesos del valle, pero Dios le guio paso a paso a través del proceso para lograr la tarea. Primero hizo que pasara junto a ellos en contemplación. A continuación, hizo que les ordenara escuchar la Palabra de Dios, un prefacio necesario para las instrucciones que estaba a punto de dar a los huesos sin vida. Con su poder para oír así restaurado, Dios hizo que Ezequiel declarase primero que el aliento entraría en ellos y que vivirían. Segundo, crecieron sobre ellos tendones, carne y piel, y supieron que Dios era el Señor. Después, por mandato de Dios, Ezequiel convocó a los vientos para que les insuflara vida. Aunque este milagro se desplegó en etapas, Dios estuvo muy ocupado todo el tiempo transformando los huesos secos de una nación derrotada en un gran ejército (Ezequiel 37:1-10).

Puede parecer que los milagros toman tiempo, pero Dios es misericordioso y nunca nos falla. ¿Qué milagros confías que Dios haga por ti? ¿Qué respuesta a una plegaria has tenido que esperar y eso ha hecho que te preocuparas y pensaras que le estaba tomando demasiado tiempo a Dios? Ten la seguridad de que Él, que te hizo esa promesa, es fiel y no puede fallar. Sus promesas están selladas en Cristo Jesús. Nunca ha prometido algo y no lo ha cumplido, ya que no es un simple mortal que mienta (Números 23:19).

¿Has notado que, cuanto más larga la espera, mayor es el milagro? Piensa en esas mujeres de la Biblia que sufrieron muchos años de esterilidad y acabaron dando a luz a figuras especiales. La madre de Sansón fue catalogada como estéril (Jueces 13:2), al igual que Raquel, la madre de José (Génesis 30:22-24) e Isabel, la madre de Juan el Bautista, aunque estaba casada con un sacerdote (Lucas 1:7). Samuel, el gran juez de Israel nació después de que su madre soportara largos años de burlas y reproches por su supuesta esterilidad (1 Samuel 1:7).

Es posible que tus milagros sean lentos en llegar, pero ten la seguridad de que están de camino. Dios es capaz de cumplir todas las promesas que hace. Su Palabra sobre ti sucederá, como lo harán todas las palabras de la Biblia que recibes en la fe y todas las oraciones que rezas según Su voluntad.

Dios cumplirá. No está limitado por el espacio o el tiempo. Por eso, espera en Él y Él renovará tus fuerzas (Isaías 40:31).

La solución de la oración

- Padre, concédeme gracia especial para esperar en Ti siempre, en el nombre de Jesús.
- Padre ayúdame en mi descreimiento y enséñame a confiar más en Ti, en el nombre de Jesús.
- Padre, enséñame a saber que Tu momento es el mejor, en el nombre de Jesús.
- Padre, por cada larga espera que tenga que soportar en mi vida, lléname misericordiosamente de paciencia y la actitud correcta hacia Ti y hacia otros, en el nombre de Jesús.

- Padre, te ruego que me compenses con tu gran abundancia cualquier larga espera que tenga que soportar en la vida, en el nombre de Jesús.
- Padre, renueva mi fortaleza mientras espero en ti, en el nombre de Jesús.
- Padre, permíteme aprender lo que necesite saber para cualquier espera, en el nombre de Jesús.
- Padre, enséñame a hacer siempre tu voluntad para que mis actos por comisión u omisión no causen retraso a la hora de recibir tus bendiciones, en el nombre de Jesús.

Capítulo 10

Cápsulas de matrimonio

Carne de mi carne

Desafíos

- Cuando estás ansioso por casarte.
- Cuando no entiendes la larga espera hasta el matrimonio.
- Cuando estar soltero se ha convertido en un desafío, si no un reproche.
- Cuando te preguntas si es tu destino permanecer soltero.

La solución de la Palabra

El matrimonio es un misterio (Efesios 5:31-32). Dios creó al hombre como la obra maestra de Su creación (Génesis 1:26). Pero, después de contemplarlo, declaró: «No está bien que el hombre esté solo». (Génesis 2:18). Ese fue su razonamiento para instituir el matrimonio, una unión divina por la cual al hombre como esposo se le da una mujer como esposa. Mediante esta unión, esposo y esposa encuentran la ayuda y la compañía perfecta el uno en el otro.

Dios es feliz siempre que se celebra un matrimonio. No fue casualidad que Jesús comenzara Su ministerio público en una ceremonia nupcial y realizara un milagro allí (Juan 2:1-10).

El matrimonio hace que el hombre esté completo. Adán proclamó a Eva carne de su carne y hueso de sus huesos (Génesis 2:23). Yo no tenía ni idea de lo incompleto que era hasta que me casé. Todo aquello de lo que carecía como ser humano vino a mí empaquetado en mi esposa.

Llegó trayendo el favor con ella. Unos días antes de nuestra boda, me promovieron en el trabajo, aunque no se me debía ningún ascenso. Para mí aquello fue una prueba de lo que dicen las escrituras, que aquel que encuentra una esposa encuentra algo bueno y obtiene favor del Señor (Proverbios 18:22). Rezo para que siempre encuentres favor en tu matrimonio. Si no estás casado o casada, rezo para que seas divinamente conectado con un esposo o esposa.

A pesar de las maravillosas disposiciones de las escrituras y las promesas divinas en lo relativo a la unión matrimonial, muchos permanecen solteros y algunos incluso temen el matrimonio; esto es una consecuencia directa de la guerra de Satán contra todas las cosas buenas. Toda bendición que Dios busca para la humanidad irrita a Satán y atrae su más enérgica oposición y resistencia. Si Satán se saliera con la suya, no habría la clase de matrimonio que agrada a Dios. Cuando no está ocupado frustrando o retrasando a parejas con intenciones verdaderas, está preparando para otros contramedidas y aberraciones calamitosas en el nombre del matrimonio. Satán no quiere que nadie se case siguiendo el deseo y las instrucciones divinas. En algunos casos, sus demonios se adhieren como espíritus esposas o esposos a personas que lo ignoran totalmente para impedir que se casen con quien deberían. A veces aflige a sus víctimas con comportamientos ilusorios que causan que pierdan un tiempo precioso y echen a perder buenas oportunidades para casarse. Puede hacer que una persona se muestre muy tiquismiquis o que se ponga metas irrealistas a la hora de encontrar esposo o esposa.

Amigo mío, el matrimonio es parte de tus posesiones. Es tu derecho divino como ser humano e hijo de Dios. Aunque tu reclamación de ese derecho esté comprometida por cualquier cosa que hayas hecho o sufrido, todavía tienes derecho a reclamarlo. «Pero en el monte de Sion habrá un remanente que se salve; será un remanente santo, y la casa de Jacob recuperará sus posesiones». (Abdías 1:17).

¿Te enfrentas a un retraso anormal o a algún impedimento en tus planes matrimoniales? ¿Has hablado con Dios sobre el problema y has obtenido confirmación divina de que tu pareja y tú estáis hechos el uno para el otro? Si es así, sigue con los planes alegremente hasta que fructifiquen. Vas a obtener el favor del Señor, así que debes buscar liberarte de todas las fuerzas satánicas que están bloqueando el favor de Dios asignado a ti. Asiéntate en una vida de santidad y poseerás tus posesiones, como prometió Dios. Debes permanecer expectante. Reza en la fe y declara que ha llegado tu tiempo de favor marital. Las campanas de tu boda pronto sonarán con fuerza y claridad, porque Dios sabe cómo conectarte con la pareja de tu vida. Solo sé bueno con cualquiera que Dios ponga en tu camino.

En el año 2000 yo estaba en Filadelfia buscando un autobús que me llevara a Stroudsburg, PA. Pedí indicaciones a una mujer que amablemente me condujo a la estación de autobuses, cuando le habría resultado mucho más cómodo mostrármelo en un mapa o señalarme el camino, lo cual tal vez no habría entendido. Hablamos mientras caminábamos. Ella estaba complacida con que yo fuera un pastor; me preguntó por mi hotel y mi número de teléfono.

Cuando regresé tres días más tarde, vino con su petición de oración para que Dios le concediera su deseo de casarse y formar una familia. Rezamos una oración sencilla. Apenas dos semanas después, me llamó para darme testimonio de su oración respondida. Su compañero de universidad la había llamado y le había propuesto matrimonio, y ahora están felizmente casados.

La solución de la oración

- Que se rompa todo poder maligno, maldición o pacto que esté retrasando mis planes de matrimonio, en el nombre de Jesús.
- Que se anule todo bloqueo a mi matrimonio, en el nombre de Jesús.
- Padre, que tu favor del matrimonio caiga sobre mí, en el nombre de Jesús.
- Padre, conéctame y presérvame para mi pareja de por vida, en el nombre de Jesús.
- Padre, muéstrame todos los poderes o personas decididas a impedir que me case, porque Tú eres el Todopoderoso, en el nombre de Jesús.

- (Para los hombres): Padre, dirige mis pasos para encontrar a la carne de mi carne, en el nombre de Jesús.
- (Para las mujeres): Padre, me coloco en posición de ser encontrada por el hombre de cuya costilla provengo, en el nombre de Jesús.

Sobreponerse a las tormentas maritales

Desafíos

- Cuando el enemigo trabaja para desestabilizar tu matrimonio.
- Cuando hay grietas en tu matrimonio que deseas arreglar rápidamente.
- Cuando hay tormentas en tu matrimonio y parece que ha desaparecido toda esperanza.

La solución de la Palabra

Algunas historias de la vida real son muy ilustrativas de la mano misericordiosa de Dios en reafirmar y preservar matrimonios que se tambalean.

Historia 1

Un hombre abandonó a su esposa desde hacía trece años y fue a vivir con otra mujer. La esposa abandonada asistió a un servicio del Espíritu Santo y tocó una tela ungida durante la predicación del pastor Adeboye. Regresó a su casa llena de fe, posó las manos sobre el lecho matrimonial y exigió el regreso de su esposo. Unos días después su esposo regresó pidiendo perdón.

Historia 2

Cuando estuve en Ghana en 2012, supe que a una mujer de allí el esposo le había puesto las maletas en la calle y el matrimonio parecía una causa perdida; se suponía que el hombre estaba teniendo varias aventuras. La mujer estaba agotada y exhausta después de meses de ayuno y oración.

Con la guía del Espíritu Santo, le aconsejamos que pusiera el problema en manos de Dios y ofreciera incondicionalmente grandes alabanzas al modo de Josafat (2 Crónicas 20:21-22). Comenzó a cantar alabanzas a Dios llena de fe durante una hora a medianoche siete días seguidos. En cuestión de semanas, su esposo vino a buscarla.

Suceda lo que suceda en tu matrimonio, la solución no escapa a la ayuda de Dios. Tu esposo o esposa puede ser todas las cosas horribles que temes que sea, cosas que nadie excepto tú podría saber o imaginar. Una esposa angustiada dijo de su esposo: «No conoces a mi esposo. Es malvado. Es un miserable. Es un borracho. Incluso toma drogas. No ama a sus hijos. Es un mujeriego».

Un hombre encolerizado no tenía palabras halagadoras para su esposa: «No conoces a mi esposa. Es irrespetuosa. Anda durmiendo todo el día. No hace nada excepto lo que le ordena su madre. Es mala cocinera. Es sucia y nuestra casa está descuidada. Nunca me respeta. Nunca cumple sus obligaciones matrimoniales. Es egoísta. ¡Y muy maleducada!».

¿Algo de esto describe un poco a tu esposa o esposo? ¿Qué sucede cuando un buen producto funciona mal? ¿No se lleva al técnico o al fabricante para que lo arreglen? ¿No es por eso por lo que algunos productos tienen garantía de por vida? Amigo mío, el matrimonio fue fabricado por Dios (Génesis 2:24; Mateo 19:5). También nos dio el manual del usuario. Estipula que el producto conocido como matrimonio debe funcionar de una forma específica: las esposas deben honrar a sus esposos (Efesios 5:33) y los esposos deben amar a sus esposas (Efesios 5:28). ¿Lees y usas este manual para tu matrimonio?

Regresa a Dios si habías ignorado este manual. Él te dirá dónde te equivocaste. Él arreglará tu matrimonio porque es Su producto. Está hecho para ti y tiene garantía de por vida. Mi buen amigo, acude a Jesús. Él restaurará el dulce primer amor que compartiste con tu esposa.

La solución de la oración

- Padre, habla tu paz en cada tormenta de mi matrimonio, en el nombre de Jesús.
- Padre, enséñame a seguir tus instrucciones sobre el matrimonio, en el nombre de Jesús.

- Ato y expulso a todos los extraños que haya en mi matrimonio, en el nombre de Jesús.
- Anulo toda maldición maligna contra mi matrimonio, en el nombre de Jesús.
- Padre, reorganiza cualquier cosa que haya desorganizado mi enemigo en mi matrimonio, en el nombre de Jesús.
- Padre, sana, restaura y revive mi matrimonio, en el nombre de Jesús.

Superar la infertilidad

Desafíos

- Cuando una esposa es lenta para concebir o es llamada estéril.
- Cuando los abortos son sucesos frecuentes.
- Cuando la fertilidad es un desafío en el cuerpo, el negocio o cualquier otra empresa.

La solución de la Palabra

Pocas cosas pueden herir tanto como la incapacidad para tener hijos. La infertilidad es la incapacidad de una mujer para concebir y alumbrar un hijo. Es la ausencia de fecundidad, es el vacío. Sugiere la carencia completa de semilla para germinar y engendrar. Se espera que una semilla sembrada germine, brote, se convierta en una planta y produzca una cosecha; es el principio del aumento de la naturaleza. Dios ordenó al hombre que se multiplicara y dominara la Tierra (Génesis 1:22). Por eso, no es el deseo ni el plan de Dios que ninguna persona o familia sea estéril.

Una mujer había renacido, pero, al igual que las demás esposas de esa familia, no tenía hijos. Su suegro era un curandero, una situación que la colocaba directamente en medio de una guerra espiritual. Como cristiana renacida, meditó sobre la promesa de Dios, que decía que nadie de Su pueblo sería estéril (Deuteronomio 7:9). Pudo reclamar sus derechos en Cristo a través de la oración ferviente y, para mayor gloria de Dios, nunca más sufrió abortos espontáneos. Hoy tiene hijos e hijas.

El plan de Dios para ti como cristiano es que tus hijos sean como retoños de olivo alrededor de tu mesa (Salmos 128:3). Dios ama el aumento y, por esa razón, ordenó que hubiera fecundidad.

¿Estás realizando completamente el plan de Dios para ti? Sal hoy en la fe. Confía en Dios y cree en Sus promesas. Él que hizo la promesa es fiel y la lleva a cabo (Números 23:19). La paciencia es fundamental. Dios prometió un hijo a Abraham a la edad de setenta y cinco años, y el hijo de la promesa, Isaac, no nació hasta veinticinco años después. Fue una lección de paciencia. Dios actúa con aquellos que confían en Él y lo obedecen. No hay otra forma de ser feliz en Jesús.

Adéntrate en las promesas de Dios y espera confiado. Tu vientre que ha sido calificado como estéril concebirá y engendrará hijos. Las acciones de tus manos darán el fruto de la multiplicación. Solo cree.

La solución de la oración

- Que toda semilla de infertilidad en mi vida reciba el toque de Dios y sane en fecundidad para agradar a Dios, en el nombre de Jesús.
- Padre, mientras identifico tu divino propósito para mi vida, reclamo de lleno la fecundidad y el aumento que ordenaste para mí, en el nombre de Jesús.
- Padre, ordena la fecundidad en todas las áreas de mi vida, en el nombre de Jesús.
- Padre, acaba con toda forma de aborto espontáneo o infertilidad en mi familia, en el nombre de Jesús.
- Que se anule ahora todo bloqueo satánico contra mi fecundidad, en el nombre de Jesús.
- Que se rompa ahora toda maldición de infertilidad que haya en mi linaje ancestral, en el nombre de Jesús.

Superar los abortos espontáneos

Desafíos

- Cuando el embarazo fracasa una y otra vez.
- Cuando los negocios se hunden repetidamente.

- Cuando se abandonan o mueren prematuramente los proyectos de inversión.

La solución de la Palabra

El aborto espontáneo es el fracaso de llevar un bebé a término. Hablando en sentido figurado, casi toda actividad humana es una especie de embarazo, que es un viaje en sí mismo. Todo proyecto incompleto o abandonado es un aborto espontáneo. Ejemplos comunes de abortos espontáneos son los programas académicos que no se siguen hasta el final, carreras profesionales que acaban abruptamente debido a una discapacidad, sanciones penales o despidos, y matrimonios que se rompen por la separación o el divorcio.

Dios nunca es la causa de ninguna forma de aborto espontáneo. Jesús da vida; Él anduvo haciendo el bien (Hechos 10:38) y aún sigue haciéndolo (Mateo 28:20). Satán es el enemigo que anda como un león rugiente, buscando a quien devorar (1 Pedro 5:8).

Puedes evitar cualquier forma de aborto espontáneo. Lo único que se necesita es obediencia a los mandamientos y preceptos de Dios. El diezmo es un ejemplo. La promesa de Dios a los que dan el diezmo es que Él no permitirá que las uvas sean arrancadas de los viñedos antes de tiempo (Malaquías 3:11). Una vida sin pecado asegura que el muro protector de Dios que te rodea nunca será quebrado, y la serpiente no podrá entrar y morder (Eclesiastés 10:8).

La Biblia nos advierte que debemos ser prudentes y vigilantes (1 Pedro 5:8), ya que el enemigo anda al acecho. Todo por lo que estás trabajando es un embarazo que tienes que manejar cuidadosamente para llegar a un parto seguro. Debes mantenerte vigilante en la oración para prevenir un aborto espontáneo. Necesitas ser más sabio para detectar los ardides del enemigo y estar preparado en todo momento para pelear y rechazar sus incursiones depredadoras.

A la primera señal de amenaza, traza la línea de batalla. Un buen ejemplo es cuando una mujer embarazada tiene un sueño que sugiere un aborto espontáneo, como un sueño que destaca la sangre o un viaje incompleto. Un sueño así debería ser contrarrestado inmediatamente con oraciones para revertir cualquier maldición o encantamiento que pudiera haberse programado para desencadenar un aborto espontáneo. Se debe rezar por el bebé que está en el vientre de la madre, que debe ser bendecido y al que se debe ordenar que escuche solo a Dios en cuanto a la fecha adecuada para el parto.

Del mismo modo, debes ocuparte rápidamente de cualquier atisbo de problema que aparezca en tu empleo, tus inversiones, tus relaciones más valiosas y otros intereses. Es absolutamente necesaria una defensa rápida contra el diablo, porque el silencio por tu parte solo significaría que tiene tu consentimiento para robarte.

Que te lleguen todos los milagros de Dios y que nunca más sufras ninguna forma de aborto espontáneo, en el nombre de Jesús.

La solución de la oración

- Que se rompa toda maldición o pacto que esté provocando abortos espontáneos en mi vida, en el nombre de Jesús.
- Ordeno que se completen todos los proyectos incompletos en mi vida, en el nombre de Jesús.
- Rechazo para siempre toda forma de aborto en el nombre de Jesús.
- Que regrese a la vida toda bendición abortada, en el nombre de Jesús.
- Padre, silencia toda fuerza maligna responsable de abortos en mi vida, en el nombre de Jesús.

Printed in the United States
By Bookmasters